U0004119

LOCUS

LOCUS

LOCUS

LOCUS

A nimation

C omic

G ame

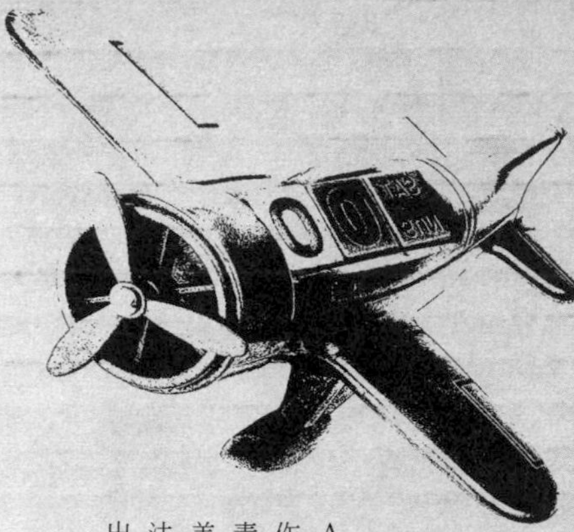

ACG 03

作者　黃玉蓮
責任編輯　李惠貞
美術設計　蔡怡欣
法律顧問　全理法律事務所董安丹律師
出版者　大塊文化出版股份有限公司
台北市一〇五南京東路四段二十五號十一樓
TEL：（02）87123898　FAX:（02）87123897
www.locuspublishing.com
e-mail :locus@locuspublishing.com
讀者服務專線　0800-006689
郵撥帳號　18955675　戶名：大塊文化出版股份有限公司
總經銷　大和書報圖書股份有限公司　地址：台北縣新莊市五工五路二號
TEL：（02）8990-2588（代表號）　FAX：（02）2290-1658
製版　瑞豐實業股份有限公司
初版一刷　二〇〇五年二月
定價　新台幣三〇〇元
Printed in Taiwan

幸福の卡通之旅

自序

任性有理，奢華無罪

別小看出國旅行這檔事，每個玩家都各有一套哲學理論，什麼「讀萬卷書，行萬里路」、「旅行就是爲了離開」……等等等，看起來好像十分高深偉大，但說穿了，只是幫出國旅行找一個合理的藉口或理由而已。畢竟，每一趟旅行總要花好幾萬元的血汗錢，不把這件事搞得政治正確、理想崇高一點，怎麼行？

在這麼多哲學理論中，我比較贊成「旅行是一種生理的需求」這種說法。也就是說，「余豈好旅行哉？余不得已也！」就像村上春樹說的，遠方一直有著隱約的鼓聲，似乎在呼喚著他。

至於我，剛好和村上相反，他的生理需要求是從「外面」來的，我的則是從「裡面」發生的。每隔一段日子，我的心中總是會有一陣陣刺耳不安的鈴聲響起，似乎一再催促著我，「把電話接起來吧，把電話接起來吧。」

要怎麼「把電話接起來」？答案其實非常簡單，就是出走！只要當我開始著手旅行計劃，鈴聲就會漸漸消退，而當飛機穿過台灣海峽的那一剎那，鈴聲就會自動消失不見！

我曾經爲了這陣鈴聲想要去找醫生，但爲了怕被歸類爲精神失常而作罷。後來自己仔細推敲的結果，這個鈴聲應該是屬於「心病」，屬於一種「生理需求」的自然反應，就像肚子餓了會咕嚕咕嚕叫一樣，而當我的鈴聲響起的時候，就代表著應該是對生活做小小反叛的時候了！

像我這樣一個快三十歲的女子，工作、家庭、愛情、人際……每天都在同一個軌道上運行，很無趣、更麻煩的是，在這個軌道上會遭遇到的事情，往往不是我所能掌握的，很無奈。因此，既無趣又無奈，我必須藉由脫離軌道這小小的反叛，來尋找生活的樂趣。

每當脫離軌道去旅行的時候，也脫離了一成不變的生活，我可以擁有新鮮的刺激感。然而，更大的幸福來自於，每次出國旅行，我可以安排「自己」的時間，去「自己」喜歡的地方，買「自己」中意的東西，選擇「自己」投緣的玩伴……

我發現，也只有在脫離軌道的時候，我才能夠眞正擁有自己。

更變態的是，爲了讓每一趟旅行「自我」的純度更高，除了一定要選擇自助式之外，更要儘可能去規劃「僅此一家，別無分號」的旅遊行程，例如逛遍全巴黎的點心舖、踏遍全倫敦的跳蚤市場Live House……

當然，還包括尋遍全日本的卡通發源地。

我一直貫徹這樣的旅行方式，或許有點奇怪，但絕不孤獨。這些年來，已經有愈來愈多玩家選擇這種「從虐待自己中找到自我成就感」的旅行方式。只是，別人不管是找戲劇景場、找溫泉景點、找建築名所，感覺起來都很酷，但是以我這樣一個快三十歲的「半熟」女子，去找卡通發源地，會不會太幼稚了一點？

其實，這樣的掙扎一直存在於我的生命之中。從小，我就一直很喜歡像卡通這類可愛的東西；理由很簡單，在這個複雜煩人的世界裡，我只想找到多一點的單純自在。不管外界如何紛擾，只要一回家看到我的卡通玩偶，就會得到瞬間的平靜；不管在外面遭到什麼打擊，只要一投入漫畫的世界裡，我就可以得到最忠誠的安慰。

不過，二十五歲之前熱愛卡通、喜歡蒐集動漫商品，可以換來大家一句「卡哇依」，妳這個人怎麼如此可愛？但二十五歲後做同樣的事，卻換來大家一句「哎喲喂」，妳這個人怎麼如此奇怪？

因此，照理說爲了消除心中的鈴聲，我應該像以前一樣勇敢做自己，逕自出發去找卡通人物，但即將踏進三十歲的這趟旅行，我卻一再徘徊、舉步不前……

沒想到，後來給我勇氣的，竟然是看來非常嬌弱的超級名模林志玲。透過報導意外發現，像林志玲這樣看起來應該與LV直接畫上等號的超級名模，竟然大方的承認，她最從小至今最迷戀的是Kitty、雙子星等卡通商品。最重要的，這般「不合時宜」的宣示還無損於她的性感魅力。我這才了領悟到，如果一個超級名模都能迷戀卡通人物，那我又何必羞於去面對眞實的自我呢？

因此，我決定更變本加厲，開始像一個執著於追尋眞理的苦行僧，到日本發掘任何一個和卡通相關的場景；也有如一個在沙漠中快渴死的旅人，在日本急於呼吸任何屬於卡通的氣味；更像是一個偏執狂的神經病，在日本各地搜括各種卡通商品……

這絕對是一種任性，因爲這趟跑遍大半個日本的旅行，我幾乎把自己累垮，還差點丟掉工作。這當然也是種奢華，因爲來回日本多次，我幾乎把積蓄敗光。不過，我想，爲了能夠擁有最眞實最貼切掌握自己人生的感覺，這樣的任性是有理的，這樣的奢華是無罪的。不是嗎？

我唯一擔心的是，心中的那陣鈴聲，什麼時候還會再響起？

目錄

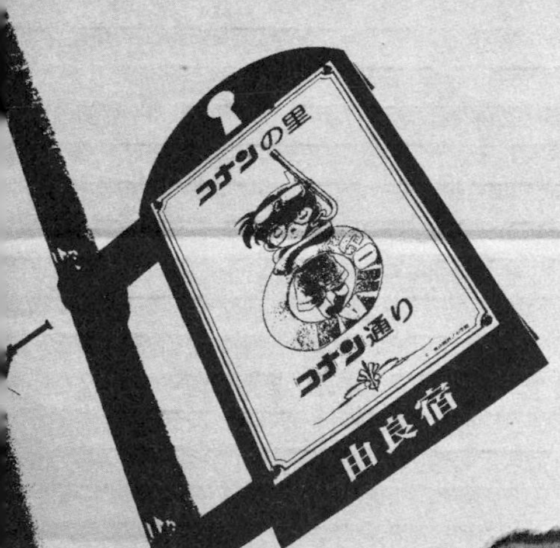

コナンの里
コナン通り
由良宿

▶ 漫畫中小丸子的全家福，就是作者櫻桃子真實人生中的家庭成員。

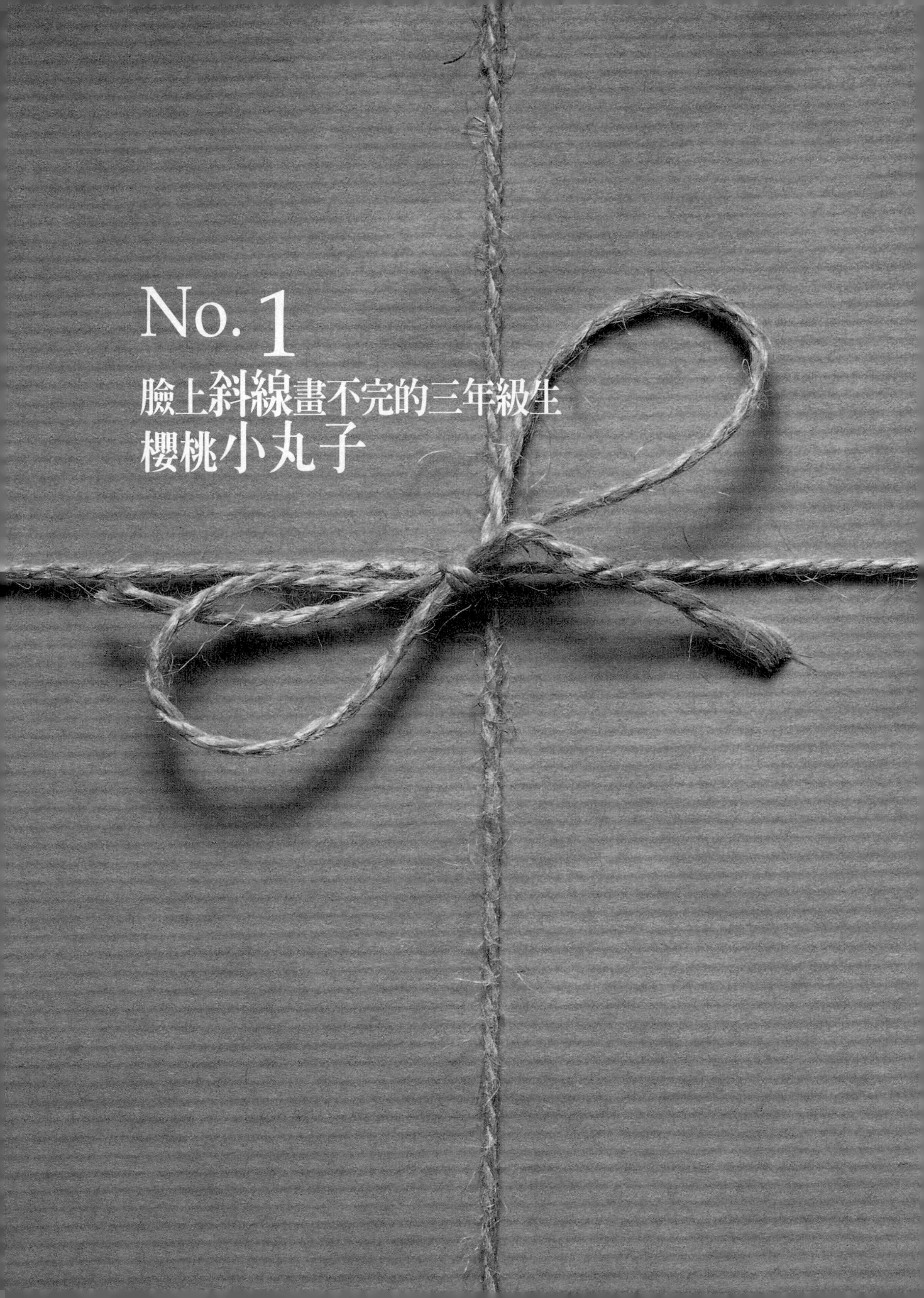

No. 1

臉上斜線畫不完的三年級生
櫻桃小丸子

漫畫介紹

Travel guide

小丸子的童年和我其實差不多

如果單以漫畫工業的發展來看，美國不見得輸給日本，但在台灣，日本漫畫流行的程度，卻遠遠超過美國漫畫。其中很大一個原因，是日本人的生活跟我們比較貼近。至少，我們大都寧願相信，有一天，將會遇到一位如同傑尼斯少年般美型的白馬王子，來向我們示愛，卻不太相信當有一天陷入麻煩時，超人或是蜘蛛人會跑出來英雄救美。

就拿《南方三賤客》和《櫻桃小丸子》這兩部同樣在描寫小學校園生活的卡通來比較好了。雖然它們都能夠引人發笑，但美國版的《南方三賤客》怎麼看就是有文化上的距離，不如小丸子來得親切。

看《櫻桃小丸子》，很容易讓身爲六年級生的我想起民國七十幾年自己讀國小的那段時光。究竟是什麼把我和不同國家、不同語言的小丸子串聯在一起？或許，是因爲我和小丸子一樣，家裡都曾經有一個很慈祥、又有點憨憨的爺爺；身邊都曾經有一個很溫柔、但卻有點好笑的國小死黨；都認識一個家裡很有錢的小學同學；都曾經在暑假的最後一天趕著寫不完的作業；都曾經度過一個什麼事都新鮮的小學生活……

還有還有，最關鍵的是，不論是小丸子還是我，我們都曾經擁有一個每當遇到很尷尬的事情時，臉上就會浮現三條斜線的童年時光……

景點呈現 Travel Map

到入江，呼吸和小丸子一樣的空氣

我的死黨「豬頭標」很愛打籃球，這很健康，我當然沒有什麼干涉的權力，但他最讓我看不過去的，就是每次都要買最好的籃球鞋，什麼喬丹幾代幾代的，每一雙都要四、五千元。我總是納悶，他的球技也沒有多好，爲什麼要穿這麼貴的球鞋呢？

「穿上喬丹鞋，會讓我在打球的時候，覺得自己就像喬丹一樣厲害！」天啊，聽到豬頭標的這個答案，我差點沒笑破肚皮。

但，自從決定要到日本清水市入江這個地方去尋找小丸子的時候，我似乎已經失去了笑他的資格。

《櫻桃小丸子》這部在台灣很紅的卡通，其實是作者櫻桃子的半自傳，小丸子是她的化身，故事情節是她童年時的記趣，而漫畫場景就是她從小生長的入江。身爲小丸子fans的我，這幾年來不時浮現一個念頭，就是到小丸子的故鄉入江去瞧瞧。

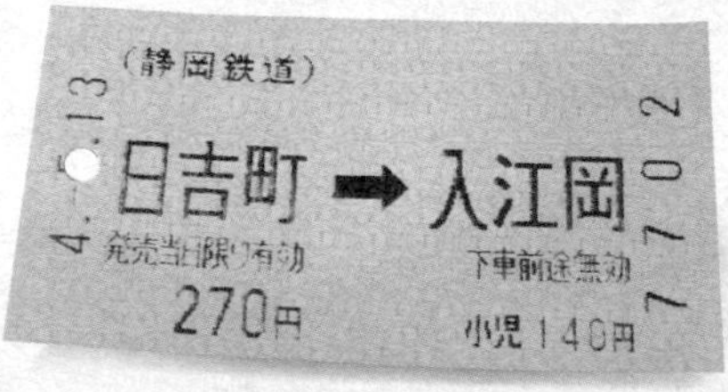

這張車票將把我帶到小丸子的故鄉。◀

「拜託！到了那裡，妳以爲就可以看到小丸子嗎？」豬頭標誇張地大笑特笑──而且，還帶有非常濃厚的報復意味。我不知道該怎麼回答他，當然，在那裡，我絕對找不到小丸子，不過，我卻可以呼吸到和小丸子一樣的空氣。簡單地說，就像豬頭標穿上喬丹鞋後覺得自己像喬丹一樣，而我，則以爲到了入江，就可以和小丸子靠得更近一些。

就爲了這單純的念頭，不顧豬頭標的嘲笑，我還是出發了。

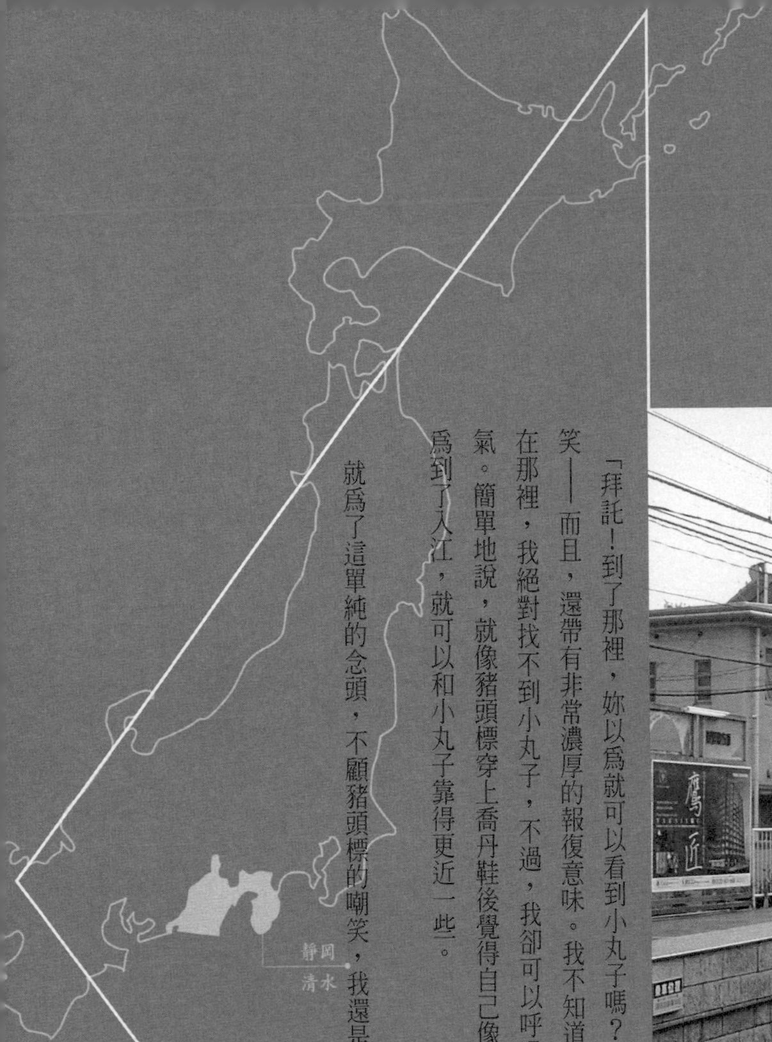

▶ 靜岡市電鐵，不論是車站或電車，看來都復古味濃厚，十分具有懷舊情調。

景點遊記 Travel Ticket

尋找小丸子，我成了考古學家和怪阿姨

我一向不太懂日本的城鄉關係。

在台灣，我們很清楚的知道，繁華的台北市和純樸的深坑鄉之間的差距至少是半個小時的車程。然而，在日本，清水市這個地方明明十分繁華，不但擁有大型的購物商場，還有一個極具現代感的火車站，整個城市規模絕不亞於台北市，但是，你只要搭上當地的市內電鐵，經過十分鐘，就會來到一個比深坑還要純樸的地方——入江。

用深坑鄉來形容入江，可能還太誇大，這個地方大概只有台灣一個村或是里的大小，它並不是觀光的據點，也沒有任何「歡迎光臨小丸子故鄉」的標誌。在這裡晃了一下午，我的感覺是，你絕對可以把任何和「純樸」或是「安靜」相關的詞，放心地用來形容入江這個地方，一點問題也沒有。

比較詭異的是，在這樣一個平凡到連講話稍微大聲就會引來注目的小鎮，卻來了兩個滿臉興奮的觀光客；這就像在一個住著無尾熊、充滿著平和寧靜氣氛的籠子裡，突然闖進兩隻猴子般的不協調。

別懷疑，這個小小的鐵皮屋，就是入江岡站，也是小丸子作者櫻桃子通車上學時，每天必到的車站。

更麻煩的是，這兩個人還拿著相機，對著街景拍個不停……「那只是我們店的招牌啊，有什麼好拍的？」「我又不是大明星，幹嘛對我家猛拍照？」從他們狐疑的眼神裡，我可以清楚讀到這樣的訊息。

不要小看入江，這裡雖然安靜，可也是有「商店街」的，那就是鼎鼎大名的「入江商店街」啦。光看到這個名字，我就覺得很親切，因爲在小丸子卡通裡，只要商店街舉辦活動，小丸子的爺爺就會非常興奮。而當我親身光臨這條商店街時，我發現，店是很多啦，但卻無法解決我最實際而且迫切的問題——肚子餓！

由於急著要貼近小丸子，因此我從東京坐新幹線到清水，還沒來得及塡飽肚子，就直奔入江。沒想到晃了幾圈，在這個大名鼎鼎的商店街中，竟然找不到一個吃東西的地方！我再說明一次，這裡店是很多啦，但，米店？酒店？蔬果店？……看起來都不能解決立即的民生問題。

而且我發現這裡的居民似乎不習慣在外頭吃飯，因爲找了半天，連一家餐廳也沒有。對了，深坑總有7-11吧，但入江卻沒有任何便利商店。好不容易找到了一家超市，買了些微波食物，但問題來了，到哪裡吃呢？

在快餓瘋了的情況下，我們也顧不得國家形象了，只好坐在超市前克難地解決了一餐。味道如何？我早已忘了。只記得當路人經過時，看我們的那種眼神，就像看外星人一樣。

突然想到，如果《小丸子》的作者櫻桃子這時剛好經過的話，我和朋友一定會有幸「入鏡」，成爲《小丸子》的故事題材。嗯，篇名就叫做〈怪怪的台灣觀光客〉好了。

在入江的那個下午，我不斷盯著一景一物研究，就像是個專業的考古學家。不過，人家是找恐龍的化石，而我則是尋找曾經出現在小丸子故事裡的場景。說實話，找小丸子比找恐龍化石容易多了，剛走出入江岡車站後左轉，就有收穫，那就是「虛空藏神社」。

這個神社裡有棵叫「虛空藏」的大樹，在卡通裡，小丸子經常和同學到這裡來玩。我到的那個下午，只看到一個媽媽帶著小孩，和幾個老人在那裡乘涼，是個典型的鄉下午後。但我卻像個考古學者一樣，忙著拍照、測量、做筆記，專業的程度就差沒有採取化石樣本了。

小丸子與小玉等人最常在這裡跑跑跳跳，而守護著她們童年的那顆百年老樹，依舊直挺挺地立在那裡，守護著其他的孩子。

逛入江商店街，有點像在逛台灣三峽老街那種感覺，建築都舊舊的。就在這種古樸的氣氛裡，我發現一棟非常高級的建築，它像是應該出現在東京田園調布的那一種，但卻出現在入江。「這就是小玉的家！」我直覺地大喊。「拜託，門牌又沒有寫『穗波』，你在發什麼神經啦！」朋友吐槽。不管，我這個考古學家說它是恐龍的腳印，它就是恐龍的腳印。

在小丸子的家鄉晃了半天，一直覺得很奇怪，這裡竟然沒有任何「直接證據」證明它就是小丸子的家鄉。這和柯南或是麵包超人的家鄉有很大的不同。好不容易看到一個小丸子的圖像，卻是小孩子自己在牆上塗鴨的創作。當地居民似乎也沒有利用小丸子來進行宣傳的打算。我甚至很懷疑，他們到底知不知道誰是小丸子？

舉例來說，方向感不是很好的我，亂晃亂逛的，很快就迷路了，一直找不到小丸子就讀的入江小學。爲了避免帶給其他看起來很純樸的歐吉桑和歐巴桑困擾，我特別選了一家藥局，找穿著白袍、看起來很有學問的藥劑師阿姨問路。

「請問你們知道小丸子的學校在哪裡嗎？」結果這位阿姨一臉疑惑，還跑去叫了一堆同樣穿著白袍、同樣看起來很有學問的藥劑師阿姨來討論，但好像沒什麼效果。只見她們你一言我一語的，我竟然還聽到許多阿姨用疑惑的表情和聲音說：「Maruko?」

天啊！這裡可是風靡全亞洲、大名鼎鼎、超人氣的小丸子的故鄉耶，而妳們這些看起來很有學問的阿姨們，竟然不知道誰是小丸子？！

▶ 像個怪阿姨般躲在校門邊「偷窺」，我終於找到小丸子的學校啦。

▶ 看到入江僅存的幾家蔬果店，我不禁想，「啊！真正的小丸子的家，應該就是這樣吧！」

還好，一群從藥局前經過的小學生解救了我，也解救了這群「無知」的阿姨……

「他們戴著和小丸子一樣的黃色帽子耶！」我像發現恐龍化石般興奮地大喊。我斷定他們一定是小丸子的同學。當下決定，跟著他們走，一定會找到入江小學！

而在「跟蹤」的過程中，看著這群天真活潑的小學生打打鬧鬧，我便立刻墜入小丸子的故事情節中，忙著進行沒什麼事實根據的聯結：那個小女生好像小玉哦，那個男生很像永澤耶。最妙的是，這群小學生過馬路時，真的會拿出「橫斷中」的旗子，看到這個景像，我就像歸國的遊子看到圓山飯店一樣，感動得要哭了。終於可以確定地告訴自己，「沒錯，這裡真的是小丸子的故鄉！」

在這群小學生的引導下，我終於來到入江小學，感覺非常親切。原因之一，它實在很平凡，和大部分台灣的小學沒什麼兩樣；原因之二，從外型你就可以發現，它真的就是在小丸子故事裡一再出現的那所小學。

入江小學沒有警衛，但我們不敢冒然闖入，只能隔著矮牆呆呆地望著它，還不時陷入陶醉狀，露出痴迷的笑容。更瘋狂的是，放學的時候，我還抓了幾個小丸子的同學留影合照。他們有的很配合啦，但臉上一直都怪怪的，一副「哪裡來的怪阿姨？」神情；有的反應很激烈，一看到我接近，就像看到鬼一樣拔腿就跑……

在入江的那個下午，我自己覺得像個考古學家，但當地小朋友可能覺得比較像是不知打哪兒來的怪阿姨吧。但不管，我的收穫還不錯，看到

▶ 進堂就在小丸子學校的後門，是孩子放學時的必經之路。

▶ 在卡通裡，小丸子和同學們每逢暑假還得乖乖地去神社報到作體操（還得蓋章哦）。哈哈，這裡就是他們心不甘情不願作體操的地方。

了小玉的家，還有小丸子的同學們。更棒的是，我還看到了小丸子的學校……等一下？！「小丸子呢？我怎麼沒看到小丸子？」我不禁大喊。

「拜託，妳在這裡引起的騷動和鬧出的笑話，還不夠多嗎？妳沒發現這裡的人只要和妳接觸後，臉上都浮現好多條斜線。說什麼沒看到小丸子？我看妳才是小丸子吧！」

嘿，我朋友說的有點道理，不好意思啦，入江的諸位無尾熊們。

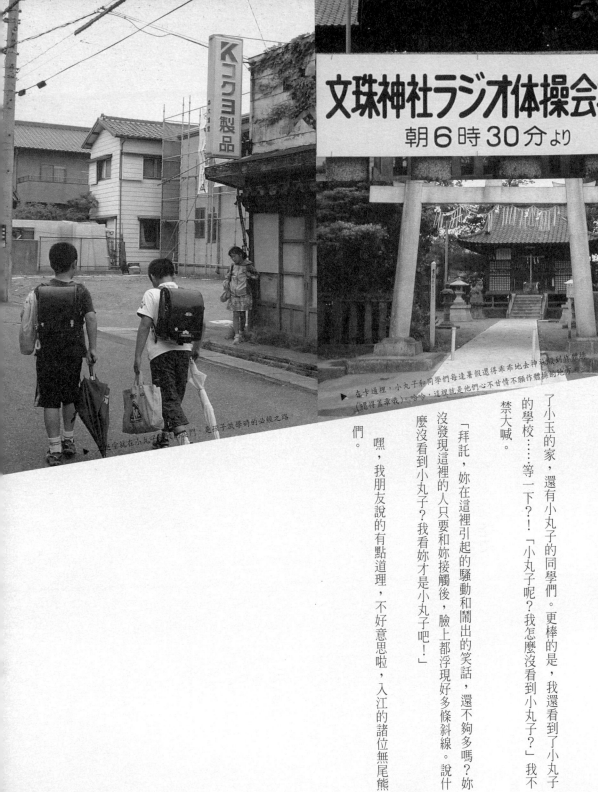

情報站

清水市位於日本的靜岡縣，從東京到清水交通非常方便，新幹線大約兩個小時就可以抵達。而從清水要到小丸子的故鄉入江，必須搭乘靜岡的市內電鐵。你可以在JR清水站附近的靜岡鐵道「清水站」上車，坐十分鐘車程到「入江岡站」下車，即可到達入江。

在小丸子樂園，美環就坐在我旁邊

如果你要到入江去尋找小丸子，其實是需要一點想像力的，以及對「連連看」遊戲的熱情。如同我前面所說，在入江這個地方，不會有任何的景物，很明白地標示著「這是小丸子的什麼跟什麼」……

因此，如果你缺乏想像力，也不想玩「連連看」，在入江一定會覺得很無聊。如果是這樣，我建議你到另外一個同樣可以找到小丸子的地方——小丸子樂園。

小丸子樂園位於靜岡清水市，這裡距離入江不到十分鐘的車程，是小丸子作者的外婆家，也算是小丸子的半個家鄉。它比入江熱鬧多了，還有一個大型的購物商場叫「Dream Plaza」，小丸子樂園就在它的三樓。

小丸子又吵著要廚房裡的媽媽趕快煮「好料」的。◀ ▶ 小丸子在跟你招手了，歡迎你來她家玩喔！

事實上，在逛入江的時候，還頗累人的，因爲你要像考古學家一樣專心，才能找出這些景物和小丸子故事的關連；但在小丸子樂園，就用不著這麼累了，因爲它根本是依照劇情，量身打造其中的場景。走進小丸子樂園，就等於直接走進小丸子的故事之中。

因此，一推開門，你就會發現小丸子一家全在玄關笑容滿面地迎接你。再來，熟悉的家庭佈景立刻映入眼簾，媽媽正在廚房裡作菜，而小丸子則在一旁吱吱喳喳地說著今天上課的種種趣事。接著，轉個彎，便出現了櫻桃家的客廳，小丸子一家人正快樂地喝茶、吃點心。望過去看浴室，還有爸爸阿寬在洗澡的背影呢……

「鈴！鈴！」突然，那具你我都看過很多次的黑色電話響了，跑過去接起來，「莫西莫西……」嘿，原來是小玉打電話來約小丸子出去玩了啦！

▶ 小丸子和姐姐邊做功課，邊閒話家常，野口不知為何從窗戶邊飄過，真是嚇人啊！

◀ 小丸子家的電話響囉！誰來接？

接下來是小丸子與姐姐的房間。小丸子和姐姐此時正安靜地寫著作業，陰沈的野口突然從後面的窗戶飄出來，嚇大家一跳。走出客廳，轉個彎，哇，是小丸子和同學經常去玩的公園嘛，山田在盪著鞦韆，還有那個拉洋片的老伯伯，花輪和管家秀野坐在帥氣的跑車上……

當然，少不了小丸子的校園造景，你可以直接進入小丸子的教室，真正變成小丸子的同學。要坐在小丸子旁邊？可以！要坐在丸尾的旁邊？可以！什麼？要坐在美環的旁邊？我也不反對啦……

除了各種造景之外，小丸子樂園裡還收藏著各國版本的《櫻桃小丸子》漫畫，有中文版的，有港版的，有韓文版的，也有泰國版的。我發現小丸子在亞洲還真吃的開！不過，就是沒有英文版。我很納悶，難道美國的小學生不用趕暑假作業嗎？鬧出糗事的時候，臉上不會出現三條線嗎？

情報站2

Chibi Maruko Chan Land

地　　址：静岡県静岡市清水入船町13-15
電　　話：0543-54-3360
營業時間：一〇：〇〇～二〇：〇〇，全年無休
門　　票：成人三百日幣，兒童二百日幣
交　　通：清水JR站有免費接駁車直達，從九：四〇到二一：四〇，每半個小時一班
網　　站：www.dream-plaza.co.jp/amusement/maruko/maruko_04.html

▶ 小丸子和小玉手牽手，看「拉洋片」。哇！真的好可愛喔！

上課囉！同學趕快就座！◀

旅遊情報 Travel Information

雨夜的清水市，溫暖的小旅館

在奔波的旅途中，經常會因爲一件特殊的事物，而讓全身的疲憊都化爲無形；那可能是一頓豐盛的晚餐、一處難忘的美景，或是一位好心的異國人士……但在清水的那個晚上，則是一家貼心的旅館，解救了我。

特別是當我從小丸子的故鄉回來，就遇上了滂沱大雨。全身濕透而狼狽不堪的我，極需要一個舒適的下榻處。沒想到當初從網路上只求便宜、無意中訂到的旅館，卻成爲雨中那盞最溫暖的明燈。

這家「ホテルドルア岡」位於清水市，如果你要從清水的JR火車站過去，必須先走上十分鐘。我想這也是爲什麼它價位不高的原因。雖然離火車站較遠，不過，它卻緊鄰靜岡的市內電鐵清水站，而坐市內電鐵到小丸子的故鄉入江，只要十分鐘，非常方便。

從外觀看來，「ホテルドルア岡」沒有大飯店的氣派，但卻有歐洲小旅館式的典雅。我住的雙人房一個晚上只要兩千四百元台幣，這在日本已經是超廉價的行情了，而且房間內還有寬頻可以上網。房間很乾淨，有浴缸可泡澡，床很軟……我還有什麼沒說的嗎？

跳上這輛巴士，就可直達小丸子樂園。◀

對了，房間冰箱裡還放了一個看起來很可口的草莓蛋糕……誘人是夠誘人啦，但很多到過日本的朋友一定會和我一樣立刻反應——「它是『無料』的嗎？」特別是當你曾有過因爲好奇心「手癢」而拿了日本旅館冰箱裡的洋酒，卻因此放不回去，而要加付好幾百元台幣的慘痛經驗……

爲了保險起見，我抱著「不奢望」的心情去櫃檯詢問。結果値班小姐用一個超甜美的笑容告訴我：「蛋糕是送你們的！」我敢發誓，那晚的草莓蛋糕，是我這輩子吃過最棒的。

情報站3

ホテルドルア岡

住址：静岡県静岡市鷹匠2-23-6

電話：054-251-5000

網站：www.mytrip.net/HOTEL/13725/13725.html

預約：可在網站上直接預約

漫畫八卦 Comic Gossip

小丸子的真實人生

小丸子這個聞名亞洲的人物，其實就是作者櫻桃子的「分身」，小丸子的故事就是她自己小學生活點點滴滴的紀錄。一般的創作者在寫自傳式題材時，通常都會把自己塑造得較爲完美，但櫻桃子並沒有，因爲小丸子就外型來看，並不是一個漂亮的小女生。至於櫻桃子的個性是不是像小丸子一樣的可愛討喜，那就不得而知了。

唯一可以肯定的，在小丸子漫畫裡，我們看到的是一個非常天眞樂觀的小女孩，家裡雖然不是很有錢，面臨的煩惱也不少，但小丸子還是很耍寶地過著她的人生。然而，在眞實世界裡的櫻桃子，就不像她的分身過得這般輕鬆。

其實，從初期單行本最後附的〈櫻桃子的自言自語劇場〉，或是〈櫻桃子夏天的溫暖劇場〉，就可以看到櫻桃子跳脫用在小丸子身上較爲俏皮的陳述風格，而以較爲細膩的方式，刻畫了初戀的苦澀滋味、分離時的惆悵情懷，以及離鄉背井的辛酸。

可以這麼說，如果小丸子是關於童年的甜蜜糖衣，讓讀者重溫

配角們的眞實人生

《櫻桃小丸子》這部卡通之所以轟動，作者對於人物的刻畫功不可沒。在故事裡，小丸子每位家人或同學，都各自擁有奇特的性格，讓人印象深刻。而由於這是部「自傳式」的漫畫，因此，大家總是不免好奇，這些配角們的眞實人生，究竟是什麼樣子？

我把小丸子故事裡的人物分成三種：一種是「完全虛構人物」；一種是「半眞實人物」；另一種是「完全眞實人物」。

「完全虛構人物」是指在作者櫻桃子真實的小學生活裡並不存在，是為了劇情需要而虛構的人物。

花輪

在網路上有些流言，指小丸子長大之後和花輪結婚！這絕對是子虛烏有的，因爲花輪根本是虛構的人物。櫻桃子當初在創造花輪時，曾經參考一位有錢人家的朋友，但這個朋友並不像花輪這般裝模作樣。

兒時的美好歲月，那這些劇場裡的故事，就像是紀錄成長的慘綠故事，讓讀者得到更多人生體驗中的共鳴。

很多讀者都很關心，永遠都是三年級的小丸子，長大之後會變成什麼模樣？其實這個答案很清楚，因爲小丸子是櫻桃子的分身，小丸子長大變成什麼模樣，看看現在的櫻桃子就知道了。

所以，小丸子長大之後應該是如願在十九歲時成爲一個專職漫畫家，二十一歲時把自己童年生活記趣創作成《櫻桃小丸子》漫畫，從此一炮而紅。二十四歲和她當時的責任編輯結婚，還生了一個小男孩。但夫妻生活只維持了九年，理由是因爲先生會對她的創作進行干涉。離婚後小丸子獨自扶養小孩，一直到三十八歲的時候才又再婚。

在離婚之後的那段日子，櫻桃子曾在散文創作裡說，如果小丸子知道自己長大之後的狀況，不知道會有什麼感覺？每次讀到這裡，我總是有些感傷，畢竟漫畫的世界總是美好的，而現實的人生卻是殘酷的，充滿許多辛酸和打擊。或許這也是櫻桃子希望小丸子永遠都是三年級的緣故吧！

美環

這個超級大醜女，是作者捏造出來的人物。櫻桃子曾說，同學中確實有很像美環的人，只是她打死也不會承認是以誰爲典型，因爲要是說出來的話，她大概會被當事人罵死吧。

丸尾

看來櫻桃子小學時，當班長的人性格都怪怪的，她才會把丸尾這個虛構的人物，創造成怪怪的樣子。

「半真實人物」是指確實存在於小丸子的現實人生中，但卻和漫畫裡的樣貌有些不同的人物。

阿寬

阿寬就是小丸子的爸爸，他在眞實的世界中和漫畫裡沒什麼不同，一樣愛釣魚、喜歡巨人隊、性格耍寶，而且和小丸子感情融洽。唯一的差別就是漫畫中阿寬是個上班族，但在眞實人生裡則是家蔬果店的老闆。

爺爺

小丸子是眞的有個爺爺的，也叫友藏！不同的是，現實世界裡的友藏，是個不可理喻的壞爺爺，和漫畫裡非常慈祥、宛若小丸子好朋友的爺爺完全不同！櫻桃子自己也承認，漫畫裡的友藏，其實是她心目中理想的爺爺典型。她還打趣，兩個友藏唯一的共同點，大概只有痴呆這一點吧。

姐姐

小丸子的姐姐在現實人生中確實比小丸子漂亮，不過，性格和漫畫中的獨立、堅強完全相反！櫻桃子曾經在散文裡寫到，「姐姐是個令人操心的小孩」，因爲她沒什麼生活能力，喜歡一些怪東西，甚至還有出家當尼姑的打算！讓人不禁懷疑，難道小丸子的原型，其實是她的姐姐？！

「完全真實人物」是指在真實世界裡和漫畫裡沒什麼兩樣的人物。

小玉

不管在卡通裡還是眞實世界中，小玉和小丸子都是死黨，而且一直同校到高中。唯一的差別是小玉到高中才戴眼鏡，但漫畫裡卻是小學就戴眼鏡了。在櫻桃子成爲漫畫家的同一年，小玉也出發到美國留學，各自爲了追求夢想而努力。

濱崎

這名傻裡傻氣的男孩，很像香港黑道電影裡面成奎安扮演的「大傻」，雖然看起來粗壯魯莽，但性格其實很善良。濱崎和櫻桃子在小學同班三年，升到國中之後還同班兩年。櫻桃子非常喜歡這個同學，所以才把他畫到漫畫裡。濱崎長大後也曾經寫書，描寫他和小丸子之間的點點滴滴。

健太

在小丸子漫畫裡，每個人物似乎都難免有些怪怪的個性，其中形象最完美的，大概非足球少年健太莫屬了。在漫畫裡，小丸子的同學都像一般小學生庸庸碌碌，只有健太一直努力地踢足球，朝著夢想前進。這個健太確實是存在的，但爲什麼櫻桃子對他特別好，把他刻畫的這麼完美？因爲健太後來眞的成爲職業足球員啦！還曾當選日本隊國手。有趣的是，櫻桃子對健太這麼好，但健太後來在接受另一個成爲廣播主持人的小學同學訪問時，竟然說，「我對櫻桃子一點印象也沒有。」櫻桃子只好自我解嘲，「或許那小子的頭只是用來頂球而已，所以才會忘記我們吧。」

友藏心的俳句

下次如果看漫畫被媽媽逮到，被她大罵「看漫畫一點用處都沒有！」時，你可以理直氣壯地反駁，看小丸子可不只是笑笑而已，我們可以學到很多很多的東西，例如日本文學裡的「俳句」。

從單行本第八集開始，每當小丸子的爺爺友藏心中有了什麼感慨，就會來一段很妙的「俳句」。事實上，日本文學裡的「俳句」，就等於是中國文學的「詩」，因此，讓友藏這個「老灰仔」不時藉吟詩來抒發內心的感受，確實是作者櫻桃子的妙招。

友藏的「心的俳句」，雖然和劇情有關，但翻成中文之後，怎麼看都有點無厘頭。其實「俳句」和中國的詩一樣，都是有其格律限制的，必須分成三句，第一句五個音節，第二句七個音節，第三句五個音節，因此又稱爲「十七音詩」。

所以說啦，櫻桃子在故事裡可是煞費苦心，她並不是隨便「唬爛」一段莫名其妙的話，只是在單行本翻成中文之後，往往就失去它分成三句以及十七個音節的特色，變成一段怪怪的文字。不過，正因爲它的怪和莫名其妙，台灣的讀者看起來反而有種特殊的趣味。

爺爺吟俳句時的陶醉模樣，讓我想起了老人歌唱比賽，臉上不禁浮現三條斜線！◀

下面列出幾個經典的友藏心的俳句，大家不要光只是笑，拜讀友藏的大作，要有欣賞李白的詩那樣虔敬的心情喔。

俳句：老人家也覺得孫子的頭皮屑很美
解析：友藏用顯微鏡看到小丸子的頭皮屑，心生感慨。

俳句：在夏日解決蟑螂之閃亮汗水
解析：把蟑螂打死後，受到小丸子的誇獎，友藏得意的吟詩。

俳句：第一百回紀念日上，吾兒讓我蒙受了恥辱，真是可悲
解析：在第一百回特輯的Party中，小丸子的爸爸發酒瘋，友藏覺得很丟臉，悲憤而發。

俳句：盡吾之一生，亦花不了一百億
解析：和小丸子幻想在拉斯維加斯贏了一百億，當思考錢要怎麼花時，友藏又開始異想天開。

俳句：余亦想吃海膽，但還是吃鯖魚吧
解析：友藏好不容易領了老人年金，請小丸子吃壽司，眼看小丸子獅子大開口，友藏心痛而鳴。

俳句：1.五郎兄，你為何要在8月3日去世 2.吾亦想見到活生生的歌星 3.啊！遺憾未能一睹琳達之肚臍
解析：眼見小丸子親睹偶像山本琳達，友藏在羨慕之餘，為自己無法見到明星，吟出遺憾的俳句三首。

俳句：想起年少的妳，不禁臉紅的我
解析：向小丸子提起年輕時暗戀的小姐，友藏免不了要作首詩耍個浪漫。

俳句：忘了故鄉的味道，因為沒有枇杷了
解析：想要分享一下具有故鄉味道的枇杷，卻被爸爸和小丸子吃光，友藏的失落只能靠寫俳句來抒發了。

相關商品 Travel Gift

小丸子清水茶

「啊？還是清水的茶，最棒哩！」每次一看到小丸子喝完清水茶後那副老氣橫秋的小老頭模樣，一方面忍俊不住，另一方面對於清水茶究竟是啥滋味，眞是十分好奇。看來「清水茶大使」非小丸子莫屬！

走在靜岡街道，大多數名產店裡的確都販賣著各式各樣的清水茶，但來到小丸子故鄉，當然要買特定版「小丸子清水茶」，才最道地。

特定版「小丸子清水茶」罐子上印著小丸子捧著好茶、準備一飲的模樣，包裝超可愛，內容也不馬虎，茶是由靜岡當地頗有名氣的ＪＡ駿河茶房所負責提供，喜歡喝茶的可以選擇茶葉組。若是迫不及待想一嘗小丸子最引以爲傲的清水茶滋味，還可以買茶糖組，甜味中帶點清香，讓人品嘗之後，忍不住也想吟首徘句哩！

小丸子樂園手帕

日本人愛用手帕，眞是「世界有出名」，因此手帕也成了他們紀念品的重頭戲，幾乎每個卡通人物都有各式各樣的紀念版手帕，小丸子也不例外。

我選了兩款，其中一款是穿著浴衣的小丸子，漫步巴川，刺繡圖案搭配毛巾版絨布材質，很有復古感。另一款則是小丸子迷最熟悉的模樣——呼呼大睡的小丸子，生動的表情，搭配像床單般的手巾材質，眞的很可愛！

小丸子地方限定手機吊飾

實在看過太多「混水摸魚」的紀念品，感覺上好像在諷刺買地方名產的人都是沒品味的笨蛋（ㄟ，罵到小丸子的爹啦！）。因此，當我一看到設計得那麼有「誠意」的小丸子「地方限定」版手機吊飾時，理智早就直拋九宵雲外，當然是直奔櫃檯結帳。

小丸子「地方限定」版手機吊飾，可以說是小丸子的cosplay秀，例如在故鄉清水時，小丸子就化身爲採茶姑娘，而來到京都，小丸子更變身爲美麗的藝妓——這可說是小丸子「從影」以來，最有女人味的打扮哦！

みやげすら
期待されない
じじいです
友蔵 心の俳句
友蔵

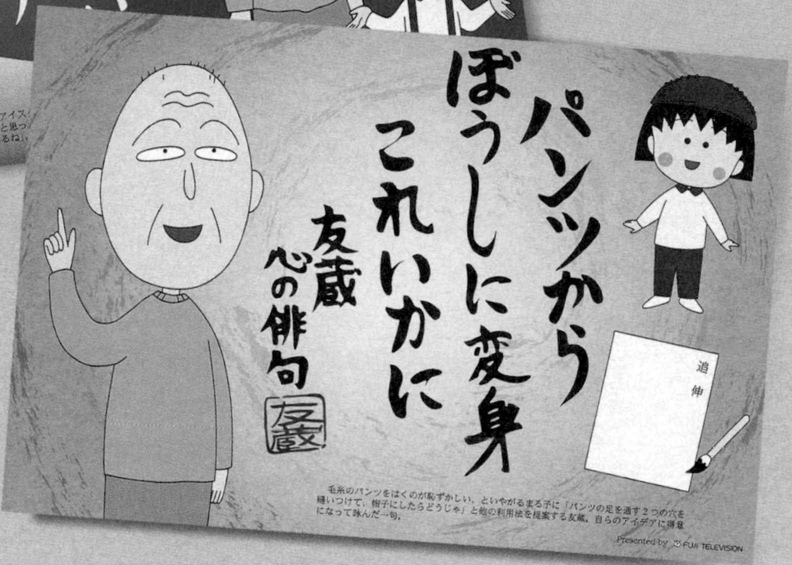

パンツから
ぼうしに変身
これいかに
友蔵 心の俳句
友蔵
追伸
毛糸のパンツをはくのが恥ずかしい、といやがるまる子に「パンツの足を通す２つの穴を縫いつけて、帽子にしたらどうじゃ」と他の利用法を提案する友蔵。自らのアイデアに得意になって詠んだ一句。
Presented by FUJI TELEVISION

爺爺俳句明信片

如果要說迷迷糊糊的爺爺有一技之長，那必定是「俳句」！

被日本人視爲風流雅士專長的俳句，到了友藏爺爺的嘴中，好像成了街頭賣藝的順口溜。不管如何，爺爺煞有其事地吟著「心之俳句」，可也是闖出一片天，還因此出了一系列的「友藏爺爺心之俳句」專書，連小丸子明信片區裡都有爺爺俳句的專區。丸子迷們不妨買幾張，捧爺爺場，再造櫻友藏的「人生第二春」！

Chibi Maruko Chan Land

静岡県静岡市清水入船町13-15

BY AIR MAIL
PAR AVION

▶ 小丸子在漫畫中常與姐姐去買一堆小玩意兒的文具店，就是這家文進堂。只可惜，文進堂早已廢棄。

▶ 眉頭深鎖的柯南，這回又發現什麼了？

No. 2

史上看過最多死人的小學生

柯南

柯南，幹掉福爾摩斯的小學生

我一直覺得很奇怪，在我們的生活裡，明明很少遇到偵探這類人物，但從福爾摩斯開始，和偵探有關的小說、電影、漫畫，就一直深深地吸引著普羅大眾。

十年前，全世界最紅的偵探，是一位名叫福爾摩斯、穿著大衣的英國紳士，但最近十年，有一個名叫柯南、戴著大眼鏡的日本小學生，後來居上，逐漸搶走福爾摩斯的風采。

有趣的是，創造柯南這個威脅福爾摩斯地位角色的漫畫家——青山剛昌，正是個不折不扣的福爾摩斯迷。當年青山把漫畫的主人翁命名爲「柯南」，便是爲了向福爾摩斯的作者亞瑟·柯南·道爾（Arthur Conan Doyle, 1859-1930）致敬。

一九九四年柯南誕生之後，在亞洲地區掀起熱潮，單行本至今已銷售超過一億本，電影票房突破六十億台幣。

分析柯南成功的因素，除了和福爾摩斯一樣具有引人入勝的偵探故事外，柯南漫畫較爲誇張的呈現方式、逗趣的情節安排、鮮明的人物刻畫，都讓偵探故事變得更加平易近人。更何況，柯南是個小學生！他打破了年齡的隔閡，讓偵探故事深入兒童階層，變得老少咸宜。

之前台中有則新聞，一位老阿嬤因不甘心家中鐵門被偷，自行運用巧計找到犯案者，當時媒體的標題都是「老阿嬤化身柯南」。很顯然的，在台灣最紅的偵探，已不是福爾摩斯，而是柯南。

景點呈現

Travel Map

想破案，搭七小時火車是必要的

在日本如果想要找柯南，除了漫畫、電視和電影，最好的方式，就是到鳥取縣大榮町這個被柯南全面佔據的小鎮來，保證不會空手而回。

一般到日本旅遊的觀光客，很少光臨大榮町。不過，在日本，基本上沒有鐵路到不了的地方，想造訪這個柯南小鎮，你一樣可以搭火車，然後在JR西日本的由良車站下車。

從東京到由良，坐火車要七個小時，而從大阪到由良，也要花三個半小時。好在車程中異於東京的日本鄉間風情，絕對不會讓你覺得無聊。

爲了尋找柯南，跋涉大半個日本島，值得嗎？我只能說，就像柯南爲了破案，在過程中絞盡腦汁拼命找證據，是絕對必要的吧。

▶ 不只是大橋、水溝蓋，就連小鎮上的路標，也都是柯南的勢力範圍。

凡更落後。大栄町這個地方就是如此，它是大名鼎鼎的柯南的老家，《名偵探柯南》的作者青山剛昌，就是在大栄町土生土長，並且在這裡許下成爲一名偵探漫畫家的夢想。

大榮町可以說是偵探的故鄉。不是嗎？不過，經我實地走訪一遭之後，我可以肯定大栄町的歷史背景、地理環境和偵探這個職業沒有太大的關連。而在這個小鎮，也感覺不到任何足以孕育出柯南的特殊文化氣息。

柯南要發動足球神功，力抗惡敵了嗎？◀

唯一可以肯定的是，在柯南走紅全日本之後，青山剛昌在自己的家鄉大栄町設計了許許多多的柯南造景，包括塑像、浮雕，也在大榮町的公共設施上，如路燈、水溝蓋等等，裝飾了柯南的畫像。

也就是說，大榮町，是一個被柯南佔據的小鎮。

有趣的是，柯南攻佔這個小鎮的方式，並不是像我們的中正紀念堂那樣堂而皇之地矗立在眼前，也不是例行公事般地立個偉人雕像而已。它是隨意地、錯落地點綴散布在這個小鎮裡。每發現一個柯南的蹤跡，都是一個美麗的驚喜。我遇到的日本觀光客都是這樣表達他們的驚喜的——「ㄟ，卡哇依ㄋㄟ！」

問題來了，在這個逛一圈大約只需要半個小時的小鎮裡，到底存在著多少數目、多少種型態的「柯南」？我的建議是，如果你想把這些驚喜一個個找出來，最好的方式，就是學學柯南，當個偵探吧！

當然，我們看柯南，不只是娛樂而已，必定會從中學到如何成爲一名傑出偵探的常識。例如，柯南總是自己仔

▶ 一出車站，就能看見柯南準備要去辦案的模樣，好像在歡迎遊客與他一同加入這場神祕之旅的調查事件。

細地觀察犯罪現場，並且找尋線索，他從不會相信那個豬頭的毛利小五郎的妄下判斷。

因此，來到大榮町找柯南，你當然不會單純到只注意由良車站前的旅遊導覽圖吧，它只是象徵性地告訴你大概哪裡有柯南。別被它騙了，這個小鎮並不大，最好還是選擇一步一腳印地去找出柯南。

這並不難。我發現一走出大栄町的由良車站就有收穫，一個柯南手指向前方的招牌動作塑像，清楚地告訴旅客這個小鎮是誰的地盤。過了紅綠燈，來到大栄町圖書館前，則換工藤新一上場，它在那裡安安靜靜地享受午後時光。

才走不到三分鐘，就一連看到兩個塑像。之後，我們就要發揮柯南般敏銳的推理能力了，嗯，有一就有二，有二就有三……

果然，我在柯南大橋邊發現了更多的塑像。但柯南曾告訴我們，不要只侷限於眼前所看到的東西，當一個偵探，眼睛要夠利才行！所以我除了仔細觀察橋上的一景一物，還神經兮兮地學任賢齊，「我左看右看，上看下看……」當我一抬頭，哇，在橋邊的紅綠燈桿子上，還有一個以帥斃了的姿勢踏著滑板往上溜的柯南！

老實說，柯南大橋雖然叫「大」橋，但一點都不大，才短短的五十公尺而已。不喜歡柯南的人，只要三分鐘就可以走完，但對於我這樣一個柯南迷來說，卻可走上一個多小時，而且一直「左看右看，上看下看……」的，把眼睛搞得很累。但是非常值得。這座橋上不但在頭尾兩端都有各種柯南塑像，橋身也鑲著數十幅不同的柯南浮雕，讓我大開眼界。不怕你笑，當時我走在這座橋上的心情，真的很像回教徒到麥加朝聖。

大榮町純樸而單純，可以說是個典型的日本小鄉鎮，但有了柯南的加持，這個小鎮從此不再平凡。

大榮町歷史文化學習館是「大榮町神祕之旅」另一個重要的破案線索。

走完柯南大橋，我十分滿足。感覺起來，這個「搜索柯南事件」似乎可以宣告破案了吧，特別是當我看到柯南大橋的另一頭，一條長長的大馬路通往海邊——在這麼熱的天氣中，柏油地面上冒出的熱氣直讓人想打退堂鼓。心裡的聲音在說著：往前走應該沒有什麼東西了吧？應該可以回頭了吧？

不行！另一個聲音響起：柯南的故事證明了一個偵探要有鍥而不捨的毅力才行！所以我咬緊牙根，繼續挺進到海邊的台場遺跡（據說這裡是最靠近中國的地方，當年中國入侵日本都是從這裡上岸）。

果然，一個偵探的努力及堅持是有回報的，我在台場遺跡發現了柯南裝扮成福爾摩斯的塑像，讓我幾乎拍完一張256MB的記憶卡。並且附近的「歷史文化學習館」裡正舉辦青山剛昌的文物展，可以看到許多柯南的手稿。其中我印象最深刻的，是一篇青山剛昌在小學時寫的作文。

我們都看過許多所謂的「偉人」在童年時期所做的一些「足以證明他們日後會成爲偉人」的不平凡事蹟，例如蔣公看到魚逆流而上、司馬光擊破水缸救人、華盛頓砍倒櫻桃樹……等，但這些這些，都比不上當我在看到青山在作文裡寫著「我長大後要成爲偵探……」來得感動。

經過一個來自台灣的業餘偵探調查，在大榮町，總共有九座柯南塑像、二十八個柯南水溝蓋、十七面柯南地磚、二十四幀柯南浮雕……

▶ 在圖書館前站崗的新一，等的應該是小蘭吧！

▶ 柯南不僅能上山，還能下海。

正確嗎？我說過了，我只是個業餘的偵探，或許就像毛利小五郎一樣豬頭，因此，歡迎各位偵探一起來推翻我的調查。

情報站1

柯南小鎮位於鳥取縣的大栄町，從JR由良站出站後即可看到。如果旅費充足，可以先乘日本國內線飛機到鳥取空港，然後再搭兩小時左右的電車抵由良。而從關西的大阪或是京都，也都有火車直達鄰近的倉吉站，再轉電車即可到達由良站。

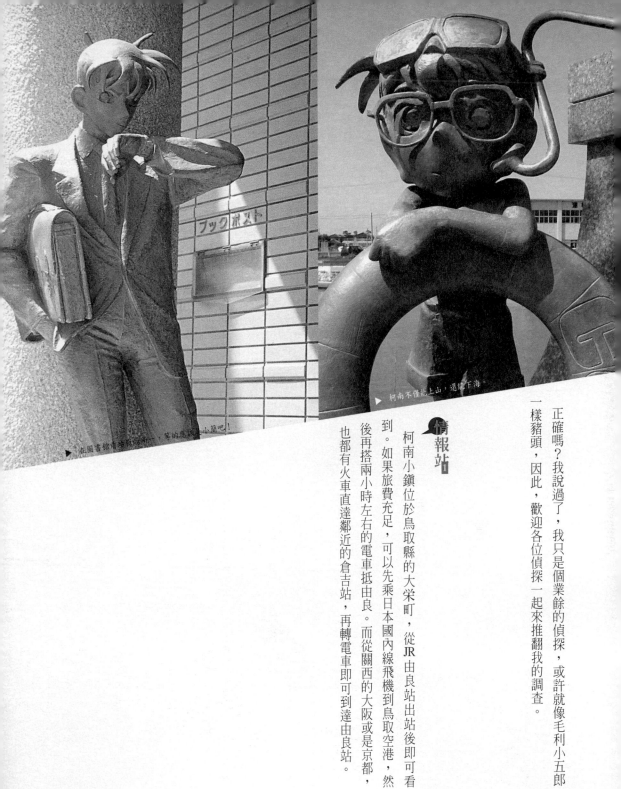

旅遊情報 Travel Information

如果在倉吉，一個旅人

如果你是像我這樣從關東殺到大榮町，由於路途太遙遠，勢必得在大榮町附近度過一夜。

你當然可以選擇下榻在大榮町，不過，在這個以種西瓜和芋頭爲主要產業的地方，旅社、甚至是民宿都不多。其中「鹽谷旅館」是一間極具日本風味的旅社，房間都是和式的，提供早晚餐，價位大約是每晚三千元台幣。住這裡最大的麻煩是晚上安靜的誇張，別說夜店了，連家便利商店也沒有，只有柯南陪著你。

我的建議是，不妨在附近的倉吉或是松崎過夜，這兩個地方比較熱鬧，距離大榮町約十分鐘車程。倉吉是個有點像是豐原一樣的中型鄉鎮，而松崎則有點像是烏來一樣的溫泉旅遊區。

倉吉和松崎可以住的地方不少，松崎有的都是溫泉旅館，每晚價位在兩千台幣左右。而倉吉的選擇就多了，各種型態各種價位都有，像我這樣的小氣一族，當然是找最便宜的。

出發前我在網路上東找西找，希望可以把價位壓在每晚一千元，果然被

光看車站即可知道，松崎絕對不會和繁華有任何關係，但喜歡溫泉小鄉的人，不妨來此投宿，度過一個原汁原味的和風溫泉夜晚。◀

我找到了一家叫「ビジネスホテル　もりた」的旅社。雖然外觀看起來有點舊，而且沒有房間內部的照片可供瀏覽，不過朋友安慰我，日本的旅社會爛到哪裡去？嗯，有道理。於是我鼓起勇氣，訂了！

這家旅社離倉吉車站很近，只要走三分鐘。但中途會經過兩家豪華飯店，看得我心癢癢的，特別是當我走到預約的那家旅社門口時，心都涼了一半——它看起來不但舊舊的，還有點像是台灣各個火車站附近那些「怪怪的」旅社！

更奇怪的是，它裡面沒有人！實在有夠詭異，只在櫃檯擺著一具很復古的電話，註明要「Check in」就撥電話上的號碼。我按照指示撥了，接電話的是一個不會講英文的老婆婆。五分鐘之後，老婆婆匆匆趕到，看來她是從附近工作的地方趕回來的。收了錢之後，老婆婆帶我到預留的房間……這回我真是看傻眼了，誰說日本的旅社爛不到哪裡去的？！

對於這個房間，除了床很軟很軟之外，實在沒有什麼正面的形容詞了。舉例來說，它竟然沒有空調冷氣，很不可思議吧。更誇張的是，自從Check in收完錢之後，一直到隔天我「自助式」的Check Out離開，這位有點像巫婆的老婆婆就再也沒有出現過，彷彿消失了一般。

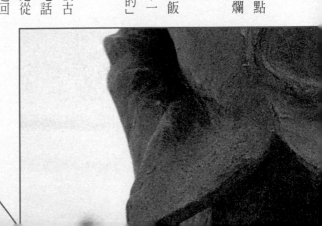

推開門的新一，究竟看到了什麼恐怖畫面？引起我無限想像。◀

這實在是一件很怪的事，沒有其他房客，沒有櫃檯，連隻看門狗都沒有！更神奇的是，它的大門完全沒有上鎖，我在這樣的空屋過了一夜，第二天還能夠安然無恙的離開，這證明了兩件事，不是這裡的治安不錯，就是我的運氣太好！

情報站2

鹽谷旅社：無網站，預約電話0858-37-2040
倉吉及松崎的旅社：可上www.mytrip.net 網站搜尋，並自行比價

漫畫八卦 Comic Gossip

柯南要角祕密大公開

柯南

《名偵探柯南》主角原本是高中生偵探工藤新一，但他因為被「黑暗組織」強灌「APTX4869」，身體縮小成小孩子，於是變成小學生柯南。也就是說，新一是「本尊」，而柯南則是「分身」，沒想到後來分身比本尊還紅！啊，要是我是新一，一定氣壞了。

順道一提，「APTX4869」這個藥名看起來很酷，這可不是青山剛昌亂掰的，它是「APOTORCEISE」（細胞壞死）和「TOXIN」（毒素）兩個字的結合。你一定很好奇青山為什麼會懂這些專業知識，原來，他的兩個哥哥一位是醫生，一位是工程師，剛好成為青山最佳的諮詢顧問。

工藤新一

大帥哥新一就是那個倒楣的主角，他在故事裡鏡頭少得可憐，雖然說柯南最大的願望是能夠回復新一的樣子，不過要是一旦成真，這個故事大概就要結束了。因此，可以肯

毛利小五郎

一般日本的漫畫裡，都要有人負責耍寶，毛利小五郎就是這種角色。由於柯南不能讓黑暗組織識破他的眞實身份，所以每次破案都要先把毛利弄昏，藉由他的聲音來陳述案情，稱爲「沈睡的小五郎秀」，很妙吧。

毛利小五郎個性有點賤賤的，而且很好色，看到美女就眼睛發亮。沒想到，青山剛昌竟然大方地承認，他自己就是毛利小五郎的「原型」。在日本電視劇裡，幫毛利小五郎配音的人，同時也幫《城市獵人》裡那個色色的男主角（台灣翻成孟波）配音，這樣想起來，兩人還眞有點像。

毛利蘭

除了要有人耍寶之外，日本少男漫畫的慣用公式，勢必會出現一個美美的女主角，在《名偵探柯南》漫畫中，就是毛利蘭。

青山剛昌最成功的地方，就是除了有紮實的推理劇情外，一般少男漫畫該有的元素，這部漫畫也都有了。身材超辣、長相很正的毛利蘭，讓讀者在閱讀緊張的推理劇情外，還兼具養眼的享受。不過，毛利蘭和一般少男漫畫中的「花瓶」不太一樣，她驚人的拳腳功夫和不畏惡匪的勇氣，感覺起來，還有點像是漫畫版的「霹靂嬌娃」呢！

定的是，除非青山剛昌畫累了，錢賺夠了，否則柯南的願望短期是不會實現的。

仔細閱讀柯南的漫畫，我發現只要把柯南的眼鏡拿掉，其實就變成新一。難怪當有人問青山比較喜歡畫柯南還是新一時，他的回答是這樣的：「畫柯南比較累，因爲還要多畫一付眼鏡！」不過青山可能忘了，新一的身體比較大，畫起來比較耗墨水啊！

新一和另一個很紅的高中生偵探金田一一，有著很密切的關係，這兩大偵探在電視劇的日語配音，都是同一個人。

名偵探柯南的命名學

在柯南這麼多集的故事裡，出現過上百名人物，但你可能不知道，外表粗獷的青山剛昌，其實很用心，這些人物的名字可不是隨便亂取的，大多是他結合經典偵探故事的相關人名而成。從下面幾個例子就可以知道，青山剛昌的心機有多麼重！

江戶川柯南

由來：江戶川亂步（日本頭號偵探小說家）＋柯南道爾（福爾摩斯的作者）

工藤新一

由來：工藤俊作（日本知名偵探劇男主角）＋星新一（日本知名偵探小說家）

工藤優作（柯南的爸爸）

由來：工藤俊作（日本知名偵探劇男主角）＋松田優作（日本知名偵探劇演員）

毛利蘭（新一的青梅竹馬）

由來：Maurice Leblanc（亞森羅蘋作者的名字，發音似「毛利蘭」）

毛利小五郎（毛利蘭的爸爸）

由來：Maurice Leblanc（亞森羅蘋作者的名，發音似「毛利」）＋明智小五郎（日本推理小說裡的名偵探）

妃英理（毛利蘭的母親）
由來：Ellery Queen（著名的推理小說家，Queen即是「妃」，Ellery唸快點就是「英理」）
服部平次（和新一齊名的年輕偵探）
由來：服部刑事（日本知名偵探劇主角）＋錢形平次（日本推理小說中的主角）

除了人名之外，青山剛昌在地名上也愛玩花招。例如，柯南的住處是在「米花市」（Bei Ka），這是根源於名偵探福爾摩斯住在倫敦的貝克街（Baker Street）。請注意，「Bei Ka」和「Baker」唸起來發音是不是一樣？

因為青山剛昌是忠實的福爾摩斯迷，他在漫畫中，不時用特殊的安排來向偶像致意。例如柯南住在米花市的二段21號，在米花國小讀一年B班，而工藤新一在帝丹高中讀二年B班，都是從福爾摩斯住在貝克街的221號之B延伸而來的。至於柯南的生日五月四日，和五四運動沒什麼關係，完全是為了紀念福爾摩斯在一八九一年五月四日這天，墜入瀑布而失蹤！

除了這些創意的巧妙安排，個性逗趣的青山剛昌，也不忘在漫畫裡藉機消遣他的朋友們。他的好友在故事裡不是被殺就是殺人，總是沒什麼好下場。例如青山大學時代的好朋友「今竹智」，就曾出現在單行本第五十九話的〈祭典之夜〉裡，而且巧合的也是被「好朋友」給打死。相信今竹智先生看到這裡，一定會不寒而慄吧？

更妙的是，負責發行《名偵探柯南》的小學館執行長龜井修，來到單行本第一百二十九話的〈怪獸哥梅拉的悲劇〉，竟然變成勢利的電影製作人，最後還被哥梅拉殺死。熟知內情的人，讀來不禁莞爾。

全日本最紅小學生大對決　柯南 vs. 小丸子

可惜蠟筆小新只上幼稚園，不能加入這場對決，柯南和小丸子這一男一女，可以說是全日本、甚至是全亞洲，知名度最高、最紅的小學生，把他倆拿來比較一下，我發現，兩人都是固執的金牛座喔！

柯南	比較項目	小丸子
六歲	年齡	九歲
米花小學一年級	學校	入江小學三年級
一百二十公分	身高	姐姐身高的一半
五月四日	生日	五月八日
金牛	星座	金牛
米花市	住處	清水市
手指向前方、摸下巴沈思	招牌動作	發呆、嘆氣、擠眉弄眼
眞相永遠只有一個	口頭禪	壞心眼
紅領結＋藍西服＋短褲	招牌裝扮	學生服＋學生帽
葡萄乾	討厭食物	納豆、蕃茄
唱歌	不擅長	運動、算術
推理	興趣	看拉洋片、收集郵票、交筆友
足球	最愛的運動	騎腳踏車
福爾摩斯	偶像	山本琳達、山口百惠
變回新一的樣子	願望	成爲漫畫家

柯南=Money

《名偵探柯南》漫畫問世十年來，創造了巨大的商業成就，我大約算了一下，柯南這個小學生所賺進的鈔票，保守估計，超過三百億台幣！也就是說，要中一百次以上的樂透，才能賺進和柯南一樣多的錢。

《名偵探柯南》的單行本，到二〇〇四年十一月，已發行了四十六集，它早在二〇〇三年的第三十九集，就已經達到了全日本累積一億本的發行量，以《名偵探柯南》每本定價約日幣三百九十元來估算，光是單行本就創造了超過三百九十億日幣的收入，這還不包括台灣等地的海外市場！

在電視部份，《名偵探柯南》從一九九六年開始，在電視上以「TV映畫」的方式播出，每周固定播一集，到二〇〇四年十一月，已經播出三百八十集，平均收視率大約在百分之十八左右，一九九九年的第一百三十七集還曾經衝到百分之二十三點四的高收視率。

柯南還跨足演電影。從一九九七年開始，每年固定推出一部柯南電影，到二〇〇四年已有八部，每一部賣座都排名在十名以內。到第七部為止，已創造了一百八十億日幣（約六十億台幣）的票房收入，累積觀眾人數高達一千五百二十八萬人——這已接近整個台灣的人口數了。

這些商業上的成功，當然讓青山剛昌的荷包麥克麥克。從一九九六年之後，他每年的收入都在台幣一億元以上，導致青山的繳稅金額，年年都在全日本名列前茅。誰說畫畫不能賺錢的？！

柯南刑事大全

柯南出道以來，偵察過的案件已超過上百件。根據我的統計，在這些案件裡，起碼已造成九十八個人死亡，而這些被害者死法之千奇百怪、殺人理由之多，實在足以構成一部「刑事大全」，可以提供有志當偵探或是警察的朋友好好研究。

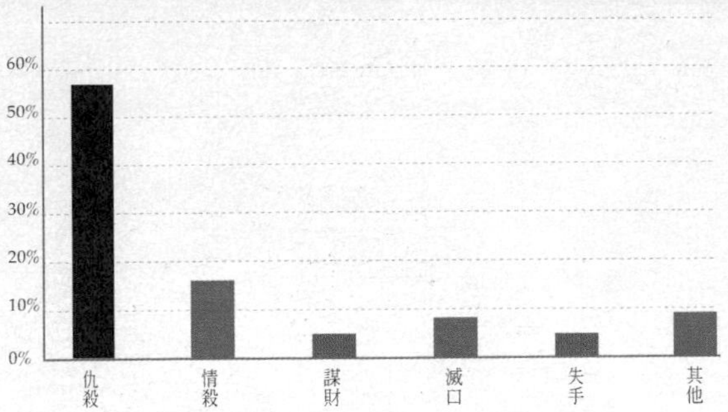

兇手殺人原因比例

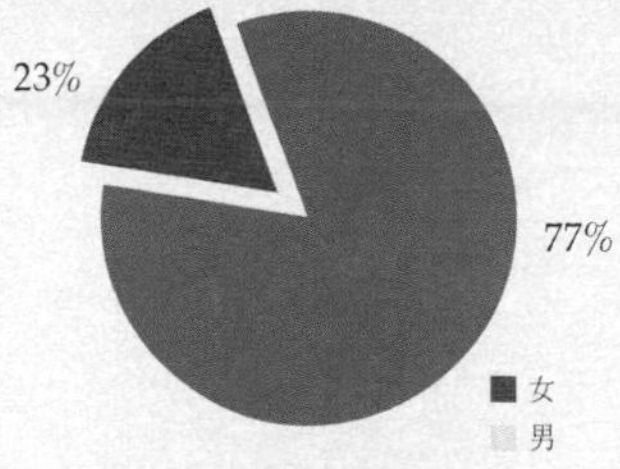

被害人男女比

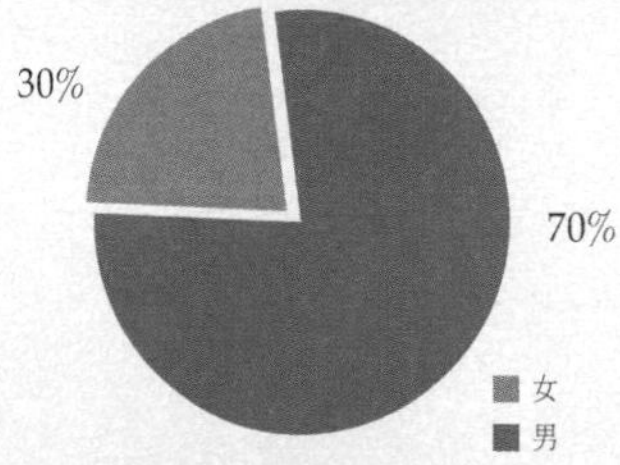

兇手男女比

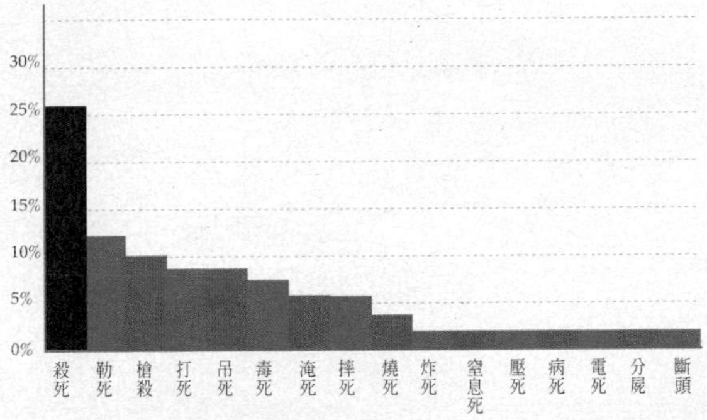

兇手殺人方式比例

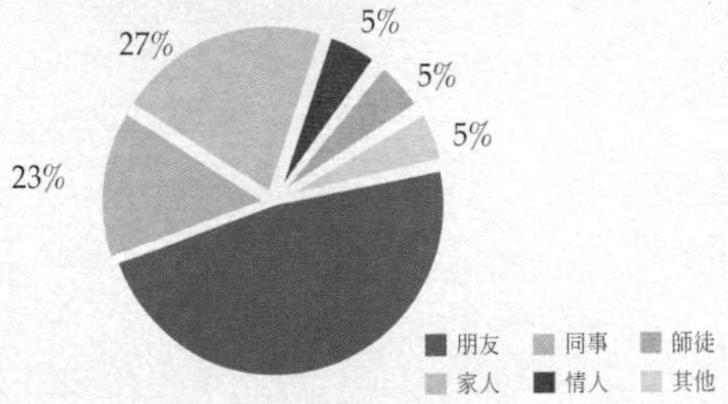

兇手與被害者關係

我發現，在青山剛昌的漫畫裡，男生特別可憐，不但被害人男性的比例，遠遠超過女性，就連殺人的兇手，男性的比例也較高。而兇手殺人的方式，至少有十六種之多。可以肯定的，在日後的柯南故事裡，青山剛昌一定會想出更多更令人驚訝的殺人方式。

至於兇手和被害者的關係，在柯南的漫畫裡，很少是陌生人，泰半是被害者的朋友、同事，甚至是情人或家人這樣親密的人。也就是說，兇手就在你身邊！

正因爲如此，兇手和被害人通常不是單純的殺人和被殺的關係而已，總是隱藏著一段不爲人知的故事，才會引發兇手的殺機。在「殺人原因」的統計中，我發現「仇殺」的比例超過百分之五十。這裡的仇殺不單指幫家人或是朋友報仇，還包括被害人在平常生活中得罪兇手，無意間引發殺機。

因此，柯南的故事告訴我們，記得多與人爲善，不要隨便得罪別人，才不會成爲柯南故事裡的角色喔。

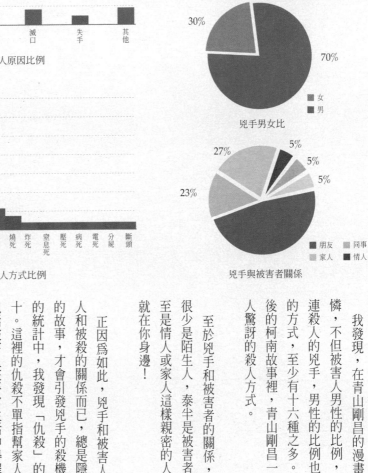

相關商品 Travel Gift

全國地方限定版六角鐵盒名產組

這個商品最大的特色，在於青山剛昌十分用心地將地方特色與漫畫人物做完美的結合；包括東京、北海道、京都、名古屋，都是青山發揮的題材。

以「東京版」爲例，在六角鐵盒的盒面上，是柯南帥帥地站在東京火車站、擺出標準的耍帥pose，而環繞著餅乾盒周圍的，是從東京火車站出發的市內地鐵圖，並一一帶出漫畫配角們及東京名景；如淺草大雷門的毛利蘭、上野動物園的小島元太、新宿摩天樓的灰原哀、澀谷忠犬像的圓谷光彥。讓人邊吃邊看，彷彿也跟著柯南尋線辦了一次案！

柯南偵探造型大手帕

除了好吃又漂亮、送禮自用兩相宜的柯南地方限定版名產之外，柯南偵探造型的紀念品也是鎖定要點，這條手帕就是「俗又大碗的代表作」，日幣六百圓，不到台幣兩百元的便宜價格，算是「柯南偵探社」裡少見的平價商品。印刷很精緻、畫面張力夠，裱成畫也很讚喔！

柯南扭蛋

每回看星座書，總是忍不住唉嘆「好想換個星座」。因爲落在所屬的星座——雙魚座上的形容詞，眞是沒幾個好字眼。更慘的是，每本星座書，就連我最推崇的星座專家瑪法達，都直指雙魚座是個沒啥自制力的星座，絕對要遠離煙酒、毒品。

爲了平反這項罪名，從小到大，我立志做個有自制力的「雙魚座」，煙酒不沾，更別提毒品了，就連百貨公司的瘋狂折扣，我都會提升理智地「編預算」，才血拚。不過，顯然星座專家提醒雙魚座絕對要戒的事項，少了扭蛋這一樣。

我不是第一回玩扭蛋，但身處扭蛋天堂——東京萬代博物館，理智這東西就會喪失作用。原本存著消耗銅板的心態，活生生被萬代博物館裡各式新鮮扭蛋給擊垮。從「懷舊小店」、「復古招牌」、「世界名作劇場」、「柯南辦案」等系列，我「卯起來」投，爲的就是聽「咚」掉出一顆的聲音。更期待打開扭蛋後，能湊成一組的狂喜。就在一張張大鈔離我而去、一顆顆扭蛋溢出我的籃子四處滾動時，望著怎麼扭都扭不齊的「柯南辦案系列」，我痛下決心，從此把扭蛋列爲雙魚座的禁管事物。

柯南西瓜貼紙

柯南的職業其實不只是個偵探和小學生，來到大榮町，他其實還是個觀光大使，擔負著行銷故鄉旅遊和傳統產業的重任。舉例來說，大榮町最有名的西瓜，柯南就是產品代言人，每顆大榮町出產的西瓜，上面都貼著柯南的貼紙，除了驗明正身之外，也增添西瓜的買氣。

至於這張貼紙，柯南竟然和西瓜、長芋一起賽跑，這是怎麼回事？原來每年七月的第一個星期日，大榮町都會舉辦一個上千人參與的大型馬拉松賽會，是鳥取縣的年度盛事。這回柯南又成爲代言人啦！

柯南偵探社

地　址：東伯郡大栄町由良宿478-15

（從由良站大約步行五分鐘就到達）

電　話：0858-49-1100

營業時間：一〇：〇〇到一七：〇〇，全年無休

柯南偵探社

東佰郡大榮町由良宿 478-15

BY AIR MAIL
PAR AVION

▶「I LOVE CANDY MUSEUM」前的人形立牌，是不少Fans的拍照重點。

No. 3
全世界知名度最高的孤兒
小甜甜

Travel guide 漫畫介紹

小甜甜，其實是苦的

《小甜甜》其實是苦的！

男生都不懂《小甜甜》，以爲這是一部很甜美的卡通，有著眼睛大得不合比例的女主角，有著俊美到不可思議的男主角，以及像「花系列」般不合邏輯的愛情故事……在他們眼中，《小甜甜》就像泡泡音樂一樣夢幻，就像棒棒糖一般sweet……

但，其實，小甜甜一點都不甜美，她很苦。

小時候我很迷《小甜甜》，下課、掃地、放學、補習，我跟死黨們無時無刻不在哼著：「有一個女孩叫甜甜，從小生長孤兒院……」。除了唱小甜甜主題曲之外，從討論昨天劇情、研究即將發生的情節、舉行小甜甜的眞命天子大表決、學小甜甜爬樹等等，都是不可或缺的每日行程。

其中最經典、最私密的就是——幻想自己是孤兒！尤其當哥哥要什麼有什麼，而我卻要什麼沒什麼，或是兄妹吵架時，哥哥一句「妳是撿回來的啦！討厭鬼」……那時，我真的打從心底覺得，原來我不是爸媽生的，原來我和小甜甜一樣，是孤兒院裡的可憐小孩。

當時的我並不懂孤兒的可悲，還因爲自己跟小甜甜是「同一國」而歡欣不已。現在想來實在好笑。不過，那個年代的小女孩真的都渴望自己就是小甜甜，因爲在我們眼中，她淘氣、慧黠又講義氣，最重要的，還跟那麼多帥哥傳緋聞，在我們眼中，她比偶像還偶像。

長大後重溫《小甜甜》，這才發覺，《小甜甜》簡直就是西洋版的《阿信》，她不但有孤兒出身的可憐身世，際遇還非常坎坷：好友安妮曾經背叛她，同住在一起的尼爾、伊莎經常蓄意欺凌她，命運之神更讓小甜甜遭遇種種打擊，包括初戀情人安東尼的意外死亡、愛人陶斯的無奈告別、好友小迪的英勇戰死……

天啊！原來，《小甜甜》根本就不像停留在我童年中那般夢幻甜美，它訴盡了一個女孩的成長所必須嚐到的幻滅和苦澀；它其實不是夢幻的愛情童話，而是關於友誼、親情、愛情及自我追求的故事。我從《小甜甜》裡讀到愛情的無奈及成全、友誼的真摯與溫馨、女孩追求自我過程中的迷惑以及努力……

十二歲時看《小甜甜》，它帶給我童年記憶最夢幻的少女情懷，而現在再看《小甜甜》，我卻清楚領略到了藏在甜蜜糖衣下的苦澀……這就是一個女孩成長的滋味！

景點呈現 Travel Map

跨海尋找小甜甜，實現我的人生課程

「老闆，你們有沒有《小甜甜》這套漫畫？」，「小姐，拜託喔，這套漫畫很久、很久了！」……

以上對白，曾經瘋狂地出現在我的過去，那時還沒有現在炒得正熱的「懷舊卡通」系列DVD，當然，電視台也沒有重播所有伴隨五、六年級生一同成長的卡通。爲了重溫舊夢，我只得展開我瘋狂的「獵甜計畫」。

已經數不清從南到北我究竟問了多少家租書店，只記得當我如願找到《小甜甜》漫畫時，那種打從心裡大喊「Yes」的激動心情。

那是一個出差採訪的疲累夜晚，我面對著旅館裡的大床，左右爲難：要舒舒服服地躺下睡個好覺？還是繼續在陌生城市尋找那小小的可能性？內心爭戰許久，我終於還是敗給「小甜甜究竟跟誰在一起」的巨大疑問，拖著疲倦的步伐，我依然選擇在陌生的街道裡尋找曾經熟悉的身影。

終於，歷經無數次的失敗之後，在一家貌不起眼的漫畫店裡，我終於找到了它——我兒時最甜美的記憶。

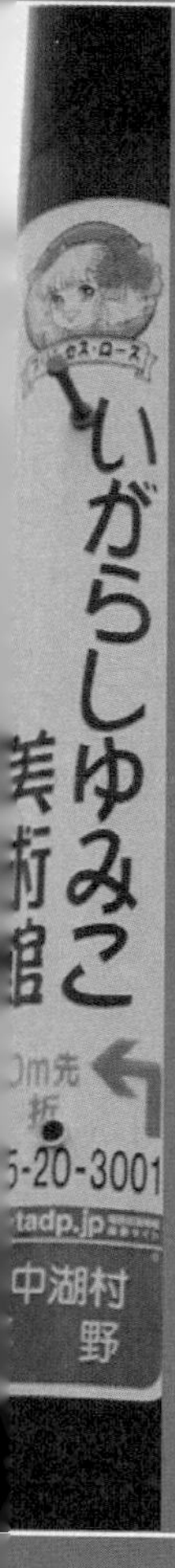

不過，重溫《小甜甜》漫畫後隨之湧起的澎湃情感，卻也種下了一個更瘋狂的因子——我要跨海尋甜甜！

「跨海尋甜甜」？我說的當然不是渡海去蒐集各國版本的《小甜甜》，而是有一次當我在網路上瘋狂地搜尋相關資料時，意外發現在日本竟然有「小甜甜美術館」！

雖然線索只是一頁網頁，而且計算機上出現的誇張數字、日本地圖上的不合理距離、親朋好友的搖頭浪潮接踵而來，也都動搖不了我的決心。因爲我知道，我已不再是當年那個只能守在雜貨店小電視前，等著看《小甜甜》播出的小女孩；我知道我像甜甜一樣，已經歷經人生波折，終於蛻變成蝶，成爲一個可以靠自己力量去實現一切渴望的成年女子。

So, I am moving on, again...

山梨
山中湖

▶ 一連串的路標，都在指引路人前進，天兵如我，卻在一個左轉路標前迷了路。

景點遊記 Travel Ticket

一期一會，追尋小山丘上的夢幻一刻

到過日本很多次了，雖然方向感不是很好，但多虧日本有很好的方向指導系統，路人也很熱心，因此，在台灣常發生的「迷路慘事」，到了日本，幾乎沒發生過。

不過，這回到日本尋找小甜甜，我卻一直在迷路，而且迷得一・塌・糊・塗。

迷路的原因有很多種啦，包括要找的地方比較偏僻、指示不清楚、行前的準備不夠充份、自己太豬頭、沒有路人可以問，或是被路人耍烏龍「陷害」等等……。我發現這次去尋找小甜甜，這些原因，全部都有。

在日本，想要找小甜甜，可以到兩個地方；一個是在山梨縣山中湖村，一個在岡山縣倉敷市。山梨縣的「山中湖」其實就在東京附近，距離東京只要兩個多小時車程，但你只要看到「山」梨縣山中「湖」，就知道不太妙了。

山中湖，地名聽起來既浪漫又詩意。未出發前，我對它充滿想像；準備

倉敷河畔除了有百年老屋可逛外，最重要的是，◀
隱身此處的「I LOVE CANDY MUSEUM」
裡頭有許多令甜甜迷尖叫的豐富館藏。

出發時，我對它充滿懷疑；真的抵達時，我卻對它充滿惶恐。

根據過往經驗法則，凡日本知名景點，附近必有徒步五分鐘內必可抵達的車站，要不也會有專門接送到站的接駁公車，日本就是這樣一個令外來旅客感到十分貼心的國家。

▶ 就在這片山林裡，我遇到了童年想像中的威廉老爺。

但這回，經驗法則完全不適用，仔細搜尋「五十嵐山中湖美術館」的各種交通建議，不是要「轉來換去」，從新幹線換巴士、轉電車、再來換巴士……，就是只適用於開車族的從中央自動車道（就是我們的國道）再接東富士五湖道路之類的說明……頓時貼心變成傷心。

幾經思量，我決定用金錢換取時間，台幣六百元直接「開」下去，從新宿搭京王快速巴士，直達「五十嵐山中湖美術館」。說是直達，嚴格來說，應該說是到達距離美術館最近的一個巴士站「平野」。接下來根據我做的功課，還要徒步十五分鐘。

坐一趟兩個小時的車，接下來再走十五分鐘，聽起來並不難，但提醒每個自助旅行的朋友，想的，永遠比做的來得簡單……

首先，我想像中是一下車就能看到大大的指標，但現實是，一下車就只有空空蕩蕩的停車場。再來，我想像中，就算沒指標，隨便問個路人都行，但現實是，小貓兩隻、老狗一隻，連個人影都沒有。要不是身旁還有在風

▶ 五十嵐山中湖美術館，建築物很具美國風，有點像《小甜甜》漫畫裡的伯尼之家。

▶ 平野往返新宿的班次，一天不到五班。記得一下車要看好班次，而且提前來等車，日本巴士是出了名的準時。

中一擺一擺的日文招牌，我很納悶，我眞的在日本嗎？

抱著滿肚子的懷疑，我挑了條看起來比較「順眼」的路前進，很幸運地，很快在轉彎處看到了美術館的指標，一條岔路、一個左轉，哈，看起來輕鬆又愜意。但再次記提醒各位，想的，永遠比做的來得簡單……

首先，我想像中是直直走，接下來遇到的岔路，一定會再有個指標，跟著它走就對了；但現實是，直直走，岔路，的確有個指標，依著它走……前方竟是綿延不見尾端的山路！好，我再想像，一定是美術館爲求氣氛，硬是蓋在山裡頭，所以接下來就該是「關鍵」的左轉了；但現實是，走了半個多小時，一直不見「關鍵性」的左轉，連個路人甲乙都沒有，更誇張的是，甚至連隻野狗也沒有……

這到底是怎麼一回事？穿著一身夢幻打扮要去見小甜甜，壓根沒想到要「爬山」的我，現在竟然孤身處在深山之中！望著不堪高跟涼鞋折磨而開始滲出點點血跡的腳，我不禁對著山谷呼喚：「小—甜—甜—，妳在那裡啊！？」

這一叫，沒叫出個安東尼，倒叫出個「威廉老爺」。

"What are you looking for?" 突然從森林深處傳來聲音，而且是英文！（請注意《小甜甜》裡頭的人其實都是美國人，要不就是英國人，也就是都講英語啦！）再也沒有比「魔幻」這個名詞，更適合形容我當時的處境。轉身一瞧，一個留著兩撇鬍鬚、穿著一身貴氣浴袍、蹓著一條老狗的老爺爺，睜大眼睛問著"What are you looking for？"

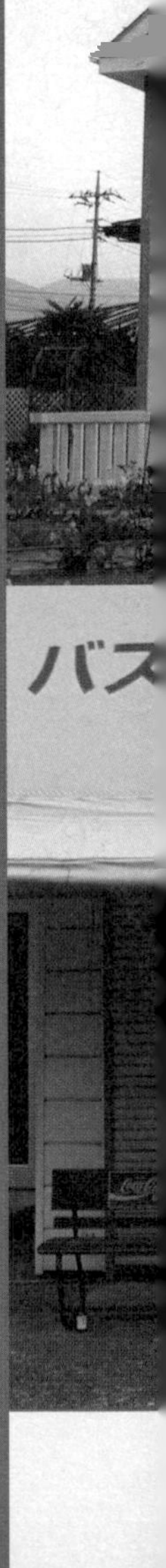

▶美術館的牆上有五十嵐老師的親筆畫及簽名，幾筆畫來，俏皮又可愛。

▶甜甜迷很幸福，可以在美術館裡瞧見不少五十嵐優美子的草稿及作品。

"I, I, I am looking for candy candy!"驚嚇之餘，我口吃不停。稍稍回神，趕緊將手邊的資料一股腦兒塞到他的手裡，結果老爺爺告訴我一個噩耗，我走錯路啦！

在威廉老爺的指點下，我踩著一跛一跛的腳，就這樣「一步一痛苦」地回到平地，終於在下一條岔路，另一個左轉後，找到隱身民宅中的「五十嵐山中湖美術館」。

那天天空飄著雨，並不是個出遊的好日子，偌大的美術館，只有我與館員，以及館內迴盪的小甜甜日文版卡通主題曲。我壓抑心裡的激動，強裝悠閒地逛著。一樓是紀念品販賣區，賣的大多是這個美術館的代表人物「玫瑰公主」。不見小甜甜，心裡有點失落。

踩著樓梯，往二樓前進，轉彎處，有個五十嵐老師親筆畫的大大的人像，長得很像甜甜，一樣可愛，一樣俏皮，但沒雀斑。踏上二樓之後，我心跳加速，淚快飆出，面前正是甜甜！

有正在爬樹的俏皮甜甜，有穿護士服的溫柔甜甜，有與阿琪、小迪乘著車一起冒險的淘氣的甜甜，有向陶斯揮手道別的落淚甜甜……更有我最愛的——甜甜與山丘上的王子初見面的浪漫一幕。

一幅幅甜甜畫作圍繞著我，明明五坪不到的畫展，對那時的我而言，卻像世界一樣遼闊。而那一刻那一秒，我感到世界靜止了，只剩我與甜甜。我貪婪地呼吸著空氣中的甜甜氣味，因為我知道，錯過不再，當我踏出這扇門，甜甜就只能留在回憶中了。而我與甜甜的「一期一會」，就只能在此地此刻。

Yumiko Igarashi Museum 五十嵐優美子美術館

地　址：山梨県南都留郡山中湖村平野1486-2
電　話：0555-20-3001
營業時間：一般季節是九：三〇～一七：三〇，但冬季（十一月至三月中）則改成九：三〇～一六：三〇。週四休館。
（營業時間依天氣狀況更改，建議出發前上網查詢。）
門　票：成人七百日幣，兒童四百日幣
交　通：如果你能在日本開車，或同行的朋友能開車，總之就是開車族，那恭喜你，這是到達「五十嵐優美子美術館」最快速的方法。若是不然，尤其是東京前來的朋友，建議你，還是乖乖地到新宿西口，搭乘京王巴士，選擇「富士五湖線」，在「平野」站下車。票價單程是兩千零五十日圓，車程約兩個半小時，班次不多，一天只有五個班次。詳細班次可以上www.highwaybus.com網站查詢。
網　站：www.mfi.or.jp/igarashi

堅持？還是投降？To be? Or Not to be?

人生無時無刻不在做著各種決定，有些決定很簡單，例如下一餐要吃什麼？採訪對象電話接不接？有些決定很困難，例如要不要結婚？要不要生孩子？有些決定則處於簡單與困難之間的灰色地點，例如，要不要去倉敷？

「要不要去倉敷？」這件事，著實考驗著我。眼看著旅程即將結束，時間一分一秒地過去。識相點，我應該直奔名古屋，轉搭回東京的新幹線，如此一來，才「有把握」搭上回程的飛機，準時重返上班族行列。

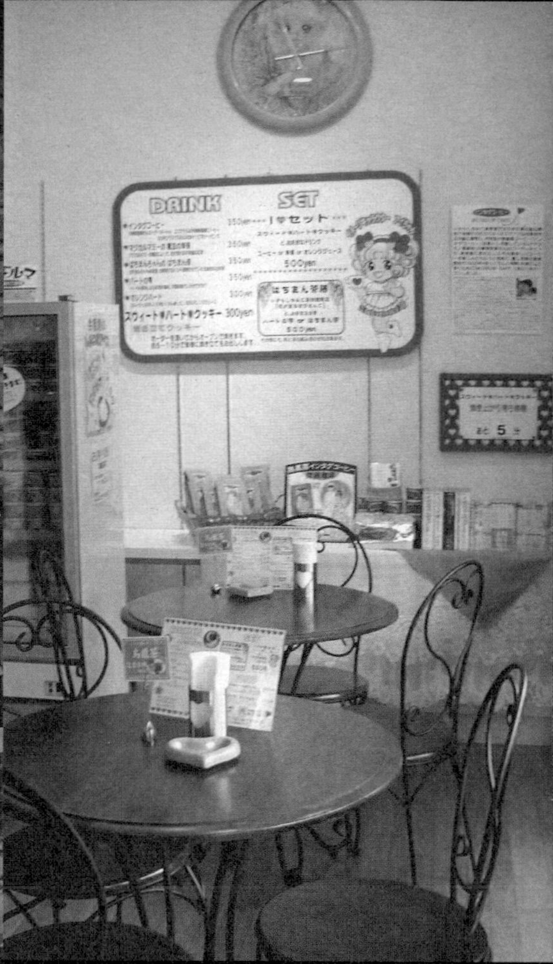

不同於「五十嵐山中湖美術館」的美國風，「I LOVE CANDY MUSEUM」較具英式典雅氣息。◀ ▶ 逛累了，還可以順便喝個下午茶，享受一下！

但，偏偏在這關鍵時刻，讓我看到了「I LOVE CANDY MUSEUM」的宣傳小海報，這是另外一個有著小甜甜芳蹤的美術館。不巧的是，它位於岡山縣倉敷市，一個我完全陌生的城市，一個我手邊完全沒有資訊的景點，一個必須再轉幾次車，而可能會讓我miss班機的地方。

To be? Or Not to be? I just have one chance!

早在第一次尋找小甜甜時，我就已經痛徹心扉地領教過，小甜甜真的很難找，但這回，憑著車站善心人士畫的地圖，美術館看來不遠，應該是簡單又輕鬆吧，我猜。

沒想到，我又落入了「想的永遠比做的來得簡單」的陷阱。誤入敵營就算了，更慘的是，我身上的「裝備」多得嚇人（傘、電腦包、數位相機、傳統相機、行李箱），此時的我，像極了空降在諾曼地的美國傘兵，而且，還是個瘸腳傷兵（因長時期步行，腳底水泡已破了又長，長了又破）。

我想要有風度且優雅地來個雨中散步，與倉敷古都以及小甜甜浪漫地相遇，但不斷迷路、被路人「唬弄」n次、走了一個多小時而疲累不堪的我，只能成為一個罵街的潑婦——我批評著這個城市的路標不清，咒罵著小甜甜美術館為什麼總是開在超級偏僻的地方……

我甚至萌生舉雙手雙腳投降的衝動，但一想到我是毅然而然跳車、冒著趕不上飛機以及被開除的危險而來的，這一切都是為了小甜甜！「不達目標誓不歸」，我跟小甜甜拚了！

就在已經不知轉了n個彎n個拐、雙腳知覺瀕臨麻痺之際，我終於找到「I LOVE CANDY MUSEUM」。那一剎那，我已沒有太多感覺，可能是在和小甜甜賭氣吧，因為這傢伙實在把我給累壞了。

然而，推開門，我的氣瞬間消失，因為甜甜與山丘王子會面的那一幕迎面而來，它迅速勾起了我的感動。接下來映入眼簾的種種，更是讓我完全無法記恨，一絲一毫都沒辦法。甚至，我很沒骨氣地推翻了前一刻的咒罵，一百八十度大轉彎的，開始衷心地慶幸自己做了這個決定。

倉敷「I LOVE CANDY MUSEUM」，只有兩個半樓層，跟山中湖的「Yumiko Igarashi Museum」五十嵐優美子美術館一樣迷你，但這裡的小甜甜收藏品、展示品，卻足足比後者多了三倍。

來到這裡，你不僅可以看到一系列的小甜甜原畫展、泛黃的六〇年代各式初版雜誌、甜甜卡通等，最重要的是，還有許多超乎你想像、十分難得一見的小甜甜周邊商品：小甜甜化妝品、裁縫機、安東尼玫瑰花、威廉家族家徽禮盒、甜甜肖像項鍊、陶斯野餐盒，甚至還有伯尼之家的立體模型……全在眼前。館藏之豐富，讓我不推薦難心安！

▶ 還記得甜甜總是跑到小山丘上期盼著安妮來信的情節嗎？

▶ 甜甜無法棄失去記憶的阿力巴不顧，曾經不怕流言地與阿力巴「同居」。

離開美術館時，我的心洋溢著甜甜的幸福氣味，即使外面依舊下著雨，行李依舊重得嚇人，腳仍然一跛一跛，我依舊找不到回車站的捷徑……但，我是幸福的，因為我的心中充滿了各式各樣和甜甜相關的美好回憶。更何況，小甜甜都能從美國千里迢迢搭船到英國，又能不怕戰火，橫渡大西洋，從英國回到美國！我還有啥好怕的呢？頂多繼續迷路，趕不上最後一班火車，回不了台灣……

To be? Or Not to be? 我想，我做了一個不會後悔的決定。

情報站2

I LOVE CANDY MUSEUM

地　址：岡山県倉敷市本町9-30

電　話：086-426-1919

營業時間：九：○○～一八：○○，冬季偶會臨時休館。

門　票：成人六百日幣，兒童三百日幣

交　通：從大阪搭JR到倉敷，大約需要一個半小時的車程。而從倉敷車站到達美術館，根據當地路人的指示，以及後來回台灣補找的資料，都顯示美術館只能靠步行走到，若是「一切順利」，應該徒步十五至二十分鐘即可到達。God bless you，千萬不要像我是乘以二以上的時間到達。（ps：如果行程不擠，時間不趕，其實附近的風景很不錯，多的是古都、小橋、流水的迷人景緻，連迷路都是一種享受。）

網　站：www.aska-planning-design.co.jp/museum/museumtop.html

「I LOVE CANDY MUSEUM」裡收藏了許多小甜甜的周邊商品，讓人看了心癢癢，因為有錢也買不到。◀

▶ 出自五十嵐優美子筆下的女主角，多半外表堅強、內心善良，並且俏皮可愛、有情有義，贏得許多少女漫迷的芳心。

這兩個美術館，除了五十嵐老師的作品，以及小甜甜的系列畫作外，還常不定期推出日本知名漫畫家的原畫展；如日本漫畫之神手塚治虫，以及在台灣也相當有人氣的中山星香、有吉京子、佐伯加奈子等漫畫家，都曾在這兩個美術館展出，未來也將不定期再展。

此外，兩個美術館還有一個相同之處，就是都有「Cosplay」的服務（但要錢喔！）。在山中湖的「五十嵐優美子美術館」，妳可以扮成富有四〇年代風格的美國淑女，坐在典雅又高貴的古典沙發上照相。而在倉敷的「I LOVE CANDY MUSEUM」，更讚，妳能穿上像甜甜變裝淑女時的美麗洋裝，就坐在甜甜與山丘王子中間，來張紀念大合照。

倉敷「I LOVE CANDY MUSEUM」的頂樓還設計了一個小露台及花拱門，供甜蜜共遊的情人、夫妻們拍照。天氣好時，倉敷古城的美景還能一同入鏡！

旅遊情報 Travel Information

山中湖，其實不只是個湖？

日本人開發觀光，眞的很有一套。照理說，有山有水，風光明媚，已經夠吸引人了；但爲了「確保」旅遊人潮，日本人總是會在這些致力發展的觀光點附近，再多點好玩的、好吃的，看來更有趣、誘人。蘆之湖、河口湖、山中湖等，都是如此。

山中湖圍繞著富士山，被稱爲富士五湖中最大的一湖，富士山倒影其中，美得令人心醉。不過，相對於同樣也能欣賞到富士山美景的蘆之湖，山中湖的交通顯然不便多了，因此遊客也少了不少。不過，對於喜歡清靜的人們，這裡可是比那些已被觀光客佔領的地方來得清幽而迷人。

除了湖光山色、翠綠森林外，圍繞著山中湖四週還有不少主題博物館、美術館及可愛的小店；如山中湖高村美術館、山中湖文學之森公園、天使森林美術館、泰迪熊博物館等。體力夠的人，光是漫步湖邊、看看風景、逛逛美術館，就足以耗上整整一天。

湖邊眾館，我最愛的就屬泰迪熊博物館。小巧精緻的建築，簡直就像坐落在森林中的童話小屋，光是漫步其中，就是一種享受。偏偏裡頭的展物，

也是十分精采，整體氣氛夢幻到不行，尤其是「卡哇依教徒」，千萬要小心。

◀ 倉敷河畔有不少個性小店，
這家「貓屋敷」裡頭只賣跟貓沾上邊的東西，
真是貓迷天堂呢！

情報站3

Yamanakako Teddy Bear World Museum

地　址：山梨県南都留郡山中湖村平野493-111
電　話：0555-20-2800
營業時間：九：三〇～一七：三〇
門　票：成人九百日幣，兒童五百日幣

一邊迷路，一邊漫步倉敷古都

來到倉敷之前，對它印象不深，除了覺得名字很特別外，其他一無所知。得感謝在尋找小甜甜美術館中一再的迷路，我才開始認識倉敷。

在迷路的過程中，每當我腿疲了，或是火氣來了，就挑一些看起來比較有趣的路邊標示，邊瞧瞧也讓腿歇歇，當然，也順便消消火氣。而我發現，兩者的效果都不賴。

從那些資料顯示，倉敷其實就是倉庫的意思，在原日文爲倉屋敷。十七、十八世紀時，當地是日本貨物集散重地，富商們紛紛在此開運河、建倉庫，當然也有不少富商豪宅在此。這些沿著古運河倉敷川而建的古建築，是日本重要的傳統建築保護區。

倉敷河畔，楊柳低垂，四周皆是百年老屋，漫步其中，就像走在江戶老街一樣，瀰漫著濃郁的復古情調。而隱身老屋中，除了精巧料理屋、可愛小店、傳統老舖外，還有許多知名的美術館、博物館。

大原美術館，就是當地美術館的重要指標，不論建物或是展出內容都極具水準。這棟土黃色希臘神殿造型的美術館，是由日本傳奇富商大原孫三郎及兒子大原總一郎於一九三〇年所建。在那個年代，這般建築風格可以說是獨領風騷，而裡頭的展物，更是傳奇。

大原美術館裡的西洋美術品，多達三千多件，收藏之豐，聞名全日本。包含高更、莫內、畢卡索、雷諾瓦等世界級畫家的作品，在這個美術館都能瞧見，而更令人感動的，是隱身背後的一段眞摯情誼。

日本富商大原孫三郎愛才惜才，不但一路資助青年畫家兒島虎次郎完成學業、成爲大家，還充份授權虎次郎親赴歐洲選畫、購畫，金額從不過問，兩人之間的情誼在倉敷傳爲佳話。一九八一年，當地政府在當地藝文重鎭常春藤廣場挑選紡織館，將之改裝爲兒島虎次郎紀念館，爲虎次郎的藝術以及他與大原孫三郎兩人之間的美談，再添一處値得回味的地方。

情報站4

大原美術館

地　址：倉敷市中央1-1-15
電　話：086-422-000
營業時間：九：〇〇～一七：〇〇
門　票：成人一千日幣，兒童五百日幣
PS.每年三月，這裡還會舉辦一場音樂祭喔！

漫畫八卦

Comic Gossip

小甜甜背後的真實人生

有很長、很長的一段時間，人人都在問：「《小甜甜》打那兒去了？」到漫畫店，租不到也買不到《小甜甜》，懷舊卡通的目錄中，有《萬里尋母》、有《小英的故事》等，就是沒有《小甜甜》？！

《小甜甜》消失了，這個曾在台灣所有五、六年級生童年中寫下甜美一章的《小甜甜》，突然間消失在這個世界。就像是小時候讀過的詭異傳奇一般，一個人在你眼前活生生地憑空蒸發，留下的只有無數問號。

我不甘心被問號團團圍住，而且他們就像村上春樹在《遠方的鼓聲》裡形容的蜜蜂卡羅和焦焦，一直在我耳邊吵個不停。要驅蟲的最好方法，就是找對殺蟲劑，因此，解開這個疑問是必要的。

經過一番查證，眞相大白，原來「小甜甜失蹤案」的嫌犯是兩個女人，她們分別是《小甜甜》原作者水木杏子，及《小甜甜》漫畫家五十嵐優美子。由於她們兩人撕破臉以及根據手邊資料顯示，一九七五年《小甜甜》開始在少女漫畫雜誌上連載，當初是由講談社出版，採用水木杏子的故事，由五十嵐優美子持畫筆，而版權則由三方共享。

一直到一九九五年，由於兩人和講談社約滿到期，版權自然回歸到水木及五十嵐的手裡，兩人重新簽訂合約，言明若有一方要使用《小甜甜》，必須得到另一方的首肯。

想當然爾，必定是兩人的共識破裂，才會有「小甜甜失蹤案」的上演。五十嵐優美子不顧協議，在一九九七年時片面解約，不但獨自授權廠商發行《小甜甜》的周邊商品，還自行與香港玉皇朝出版社簽約，儼然自個兒就是《小甜甜》的正牌媽媽。水木杏子對此舉感到「心寒」（這是她官方網站上聲明的強烈措詞），所以決定提出告訴。

面對訴訟，五十嵐認爲，她的畫已是另一種創作，如果不是她的畫筆、分鏡等，小甜甜不會如此鮮明、迷人，而且小甜甜迷一想到小甜甜，腦海中先浮現的是她的模樣，而這些都是她所賦予的。所以，五十嵐主張她可以自由地擁有《小甜甜》版權，也就是二次版權。

後來衍生的官司案，連累到《小甜甜》，讓她就此人間蒸發。

嫌犯A，水木杏子，供詞是：「小甜甜，這個可愛的小女孩，是我的心血之作，我賦予了小甜甜的個性、人格、世界觀等。」換句話，水木認爲，是因爲她的文筆刻畫，小甜甜才成了個有血有肉的女孩。

不過，針對這一點，嫌犯B，五十嵐優美子，也有供詞：「如果不是我的畫筆，小甜甜不過是個死的故事，她無法憑著一字一句，贏得那麼多人的青睞。」也就是說，五十嵐認爲，是因爲她的傳神畫筆，才讓小甜甜從故事中走出來，成爲一個活生生的人。

兩造供詞，都堅稱自己才是小甜甜的創造者，而這背後牽涉到的，當然就是誰才是小甜甜版權的所有人，誰才有資格決定小甜甜的商品生產與否……等。

A說她是小甜甜的媽，B說她才是小甜甜的娘……紛紛擾擾的多年官司，終於在二○○三年由東京最高法院判決原作者水木杏子勝訴，她亦擁有著作權。而這兩個女人的戰爭，還成了日本有名的「甜甜官司」（Candy Candy Copyright Lawsuit），從法庭上延伸探討了無數著作權的觀念問題。

姑且不論在訴訟期間流竄的流言蜚語，我始終相信，能創作出那麼美好的作品，不論是名作者水木杏子，或是漫畫家五十嵐優美子，絕對都是良善的。而我的期盼，就和千萬個甜甜迷一樣，只希望甜甜能過著幸福快樂的日子，不要一天到晚媽媽搶、娘親拉的。試想，本來是孤兒的甜甜，比誰都有權利享有雙倍的愛，如果兩人都是甜甜的媽，不是很美好嗎？

小甜甜背後的兩個女人

水木杏子

十一月二十八日生，射手座。東京人。十八歲時，榮獲茱莉亞小說新人獎，是頗受矚目的小說家、詩人、兒童文學作家。www1.odn.ne.jp/~lilac/

五十嵐優美子

八月二十六日生，處女座。北海道旭川市人。一九七○年以《白鯊之島》一作在漫畫界嶄露頭角，持續創作漫畫，也寫過散文。www.candycandy.net/

小甜甜私密檔案

Candy White（甜甜．懷特）

身世　不明，還是小嬰兒時，就被丟在伯尼之家門口，因爲擁有甜甜的笑及一身雪白肌膚，因此院長與老師就給了她一個名字，Candy White。後來，因緣際會成爲上流人士安德烈家的養女。

生日　有兩個生日，一個是與安妮在小山丘上互相慶生的那天，一個是安東尼送甜甜玫瑰訂情的日子，但只知是五月，日期不詳。

外號　雀斑姑娘、女泰山、小迷糊。

就讀　美國密西根湖區伯尼之家→英國倫敦聖保羅學院→美國聖瑪麗護士學校。

寶物　伯尼之家院長所贈的十字架、山丘王子遺留的徽章、安東尼的照片、小迪所做的「甜甜幸福鳴叫器」。

初戀　安東尼。與甜甜之間有段純純戀情，後在安德烈家舉辦的獵狐大賽中，爲幫甜甜獵狐做圍巾，不幸誤觸陷阱，墜馬身亡，是甜甜一生的遺憾。

初吻　陶斯。不僅是甜甜的初吻對象，也讓甜甜嚐盡愛情的甜蜜與苦澀。兩人的戀情原本在歷經眾多波折後即將開花結果，卻因一場舞台意外，陶斯必須選擇另一個爲他犧牲的女孩，甜甜黯然成全，離開陶斯。

伴侶　阿力巴。一直都在甜甜身邊的阿力巴，原來就是甜甜六歲時在小山丘上遇到的「王子」，亦是一路幫助她的長腿爺爺，安德烈家族的「威廉老爺」。兩人歷經人生眾多考驗，始終互相扶持，終成眷屬。

安東尼 vs.陶斯 女生擇偶戀愛進化論

如果在男人心中，有所謂的「完美女人」典型，說實話，在女人心中，一樣也有Mr.right的標準模樣，安東尼和陶斯，恰巧就是女人最愛的兩種男人。

安東尼，陽光、浪漫，最重要的是純情，如果要舉例，應該就像是剛出道時的乖乖虎蘇有朋，或還在唱「情敵貝多芬」時的王力宏，感覺是這般「無害」，和他談場戀愛，應該就像《慾望城市》中夏綠蒂所渴望的愛情，浪漫而「速配」，簡單來說，就是無風無浪，甜美一生。

陶斯，叛逆、衝動，最重要的是熱情，如果也要舉個例，還很屌時的謝霆鋒，以及暴龍言承旭，都是箇中代表。他們外冷內熱，外表看似是傷人無數的情場浪子，但骨子裡卻是鍾愛一人的癡情硬漢，就像是《流星花園》裡的道明寺，永遠都站在雜草杉菜這一邊，即使與全世界為敵也在所不惜！

小時候看《小甜甜》，女生們很容易陷入「要幫自己挑男友」般的狂熱激動，主要分為安派及陶派，在那時的最佳男友大選中，安派總是獲得壓倒性地贏得勝利，大多數的小女孩，都愛模範生安東尼。

不過，有趣的是，十多年後，當女孩變成女人，同樣的兩名候選人出現在女人的下午茶餐會時，多數女人渴望的戀人，卻從模範生安東尼變成了留校察看生陶斯。

山丘王子是甜甜的初戀，漫迷們都誤以為他就是安東尼，真相揭曉，原來他是威廉老爺，也就是阿力巴。◀

▶甜甜與陶斯之間的苦戀，曾讓不少Fans哭到不行。

▶甜甜與「山丘上的王子」在山丘上的初次會面，是《小甜甜》裡的經典場景。

爲什麼會有這個轉變？難道就是所謂的「男人不壞，女人不愛」？一位朋友說的好，外表看來完美無瑕的白馬王子，落在現實生活中，其實很容易幻滅；反而是壞男人雖然「壞」，但對全世界都不怎麼在乎的他，卻對心中女主角深情無比，如此的對比落差，讓這份愛情顯得更加珍貴無價。試想，若是這個「壞」男人長得又帥，有誰不想當他心中唯一的女主角呢？

就像長大後的甜甜迷們永遠都會記得，當甜甜被關禁閉時，看似吊兒啷噹的陶斯，卻在門外吹了一夜的口琴，陪伴著她的甜甜！永遠會記得當甜甜遲遲無法面對安東尼死亡時，陶斯狠狠地拉她上馬奔馳，讓她克服恐懼，重新展開人生！永遠會記得當他們被伊莎陷害，必須面臨被退學時的困境時，陶斯一人暗自扛起責任，保護甜甜……

陶斯做了什麼，甜甜迷都深深地清楚記得，但安東尼爲甜甜付出過些什麼？卻顯得有些模糊。我想這並非「男人不壞，女人不愛」，而是從女孩到女人的過程中，女人深深了解到，男人最令女人心醉的姿態，莫過於永遠站在妳這邊！

相關商品 Travel Gift

夢幻英國紅茶

對於英國紅茶，向來有種近乎「偏執」的喜愛。在山中湖「Yumiko Igarashi Museum」裡瞧見這般小巧精緻茶罐，裡頭還是純正風味的斯里蘭卡紅茶時，彷彿聽到我血液中的紅茶因子在呼喚我：快買啊！美術館小姐又「適時」、殷勤地遞上一杯熱呼呼的紅茶……嗯！幸福。花不到兩百元台幣，就能換來一個幸福的午後，這個生意，划算！

復古書籤

這年頭看書的人，就像戀愛絕對不劈腿的「人種」一樣，愈來愈少。而不但看書，還會花錢買書籤的人，就像初戀就想結婚的人一樣，幾近絕種。

因此，當我在山中湖「Yumiko Igarashi Museum」與這套復古書籤相遇時，有種驚喜，有種感慨……我用如收藏初戀情書般的神聖心情帶回它，希望某個靜謐夜晚翻到它時，能順道回味那又酸又甜的初戀滋味。

五十嵐老師的簽名明信片

有五十嵐老師簽名的明信片組，要賣一千日幣；少了老師簽名的，只賣五百日幣。足足少了一半的價格，讓我有點爲難。但一想，機票錢花了、巴士錢花了，門票錢花了，而且爲了到達這裡，走得腿都快斷了，還差點在山裡迷路「與熊共舞」。這一切的遭遇，不都是爲了小甜甜嗎？二話不說，買單。

I LOVE CANDY PASSPORT

很多美術館、博物館都會推出××PASSPORT，好拉近與遊客的距離。「I LOVE CANDY MUSEUM」也不例外。

雖然「I LOVE CANDY PASSPORT」裡頭不外乎是美術館的平面圖、簡介、蓋紀念章的地方設計等，很平常，但封面設計卻格外「小甜甜」——蘇格蘭格紋，加上似小甜甜的側面剪影，讓人不買很難。尤其是千里迢迢來到這裡。不用說，我又挑了比較貴、有老師簽名的那一款。

小甜甜紙娃娃

五、六年級生對於紙娃娃這玩意兒，一定不陌生，且又愛又恨。

因爲，在那個年代，想要一個芭比娃娃，叫奢侈，想要有任天堂電玩，就叫妄想！一個孩子的零用錢，只能吃吃王子麵、抽小牌，頂多再買尢仔標、彈珠，或是紙娃娃。偏偏連這小小的夢想，都有人來搞破壞，不知從哪兒開始的流言，說紙娃娃半夜會自個兒爬出抽屜、箱底、書包、床底……。當時，這個流言簡直就像「貞子」一樣可怕，大家紛紛相約將珍藏的紙娃娃燒掉（不敢丟掉，怕她會走回來報仇）。

長大後想想，眞是天眞的可愛，就算活過來，紙娃娃還是「紙」娃娃啊！眞是感謝老媽的英明，要不我哪還能擁有這套珍貴的甜甜紙娃娃呢？！

台灣早期的小甜甜企業品

雖然完全不知道維力炸醬麵是怎麼跟小甜甜搭上線的，但擁有這「夢幻逸品」，可眞是又得拜老媽之賜。收東藏西，總是捨不得丟東西的老媽，不知從哪得到這套台灣早期的企業商品。更妙的是，從小我就用甜甜碗吃飯長大，它們在我的生活中像是空氣一般自然，直到專門蒐集台灣早期企業形象品、贈品的朋友來家裡吃飯，看到這個碗時，那誇張的O字嘴，才讓我知道它的珍貴。我很幸福，甜甜陪我度過了無數的晚餐時刻！

Yumiko Igarashi Museum

山梨県南都留郡山中湖村平野1486-2

BY AIR MAIL
PAR AVION

▶ 搭京王快速巴士，是旅客從東京前往「五十嵐山中湖美術館」最方便的方法。

▶ Kitty全家陪你一塊兒過生日。

No. 4

地球上最有錢的一隻貓

Kitty

漫畫介紹 Travel guide

Kitty，台灣男兒的戀愛公敵

「短腿、肥身、沒嘴、沒表情……妳評評理，她竟然爲了這樣一隻莫名其妙的貓，要跟我分手？爲了一隻貓？我不甘心啊！」電話那頭傳來好友豬頭標的聲音。罵著罵著，這位一百八十公分的壯漢竟然還啜泣了起來……「ㄟ！妳有沒有麥當勞的那組Kitty啊？」

唉！這樣的悲劇，在一九九九年的台灣瘋狂上演。因爲那一年，向來愛玩贈品行銷的麥當勞，相中了日本Kitty，推出「戀愛麥語Kitty情人組」，原本以爲五十萬隻Kitty貓可以賣上一星期，沒想到，首日開賣的一小時內，全省即宣告缺貨。廠商緊急追加，民眾露宿街頭，排隊搶購，連黑道大哥都來湊一腳……小小島國，因爲一隻貓，整日沸沸揚揚。

那一年，搶購Kitty貓成了全民運動。「送我麥當勞Kitty」，更成了許多女孩考驗另一半「愛情忠貞度」的重要指標。不少純情男兒的愛情，就葬送在那一臉無辜的Kitty手下。

我在電話那頭，吞吞吐吐地說：「我、我、我不能給你耶，那是我男友翹班、排了一天才搶到的……」

▶ 靠著無辜貓臉，Kitty在1999年幫台灣麥當勞創下驚人業績，
也讓那一年的台灣男兒為了換Kitty搏女友開心，過了一段難忘的排隊歲月。

景點呈現 Travel Map

遠征彩虹樂園，直搗招財貓大本營

這樣一隻貓，被譽為「日本國民貓」，不但左擁右抱無數「日本國民美少女」，硬是比她們紅得久，還紅遍歐美、亞洲各地，成為名符其實的「國際巨星」。台灣除了日本傳統「招財貓」，光是靠無辜貓臉，就替生產商三麗鷗賺進近千億台幣，吸金功力之強，連招財貓都得叫她一聲「師傅」！

這樣一隻貓，在台灣不難找，在日本更是到處瞧得見。坐在咖啡廳往窗外隨便望去，可從小學生、青春期少女，再到輕熟OL、或是歐巴桑……平均每十人之中就有六人的身上能瞧見Kitty。從文具、手機吊飾、可愛指甲、髮飾、溜狗繩……，還有一個人一轉身，又一轉彎——不勝其數。

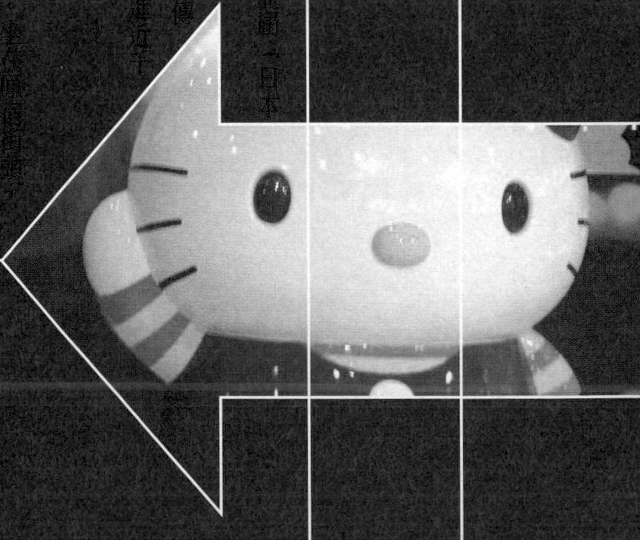

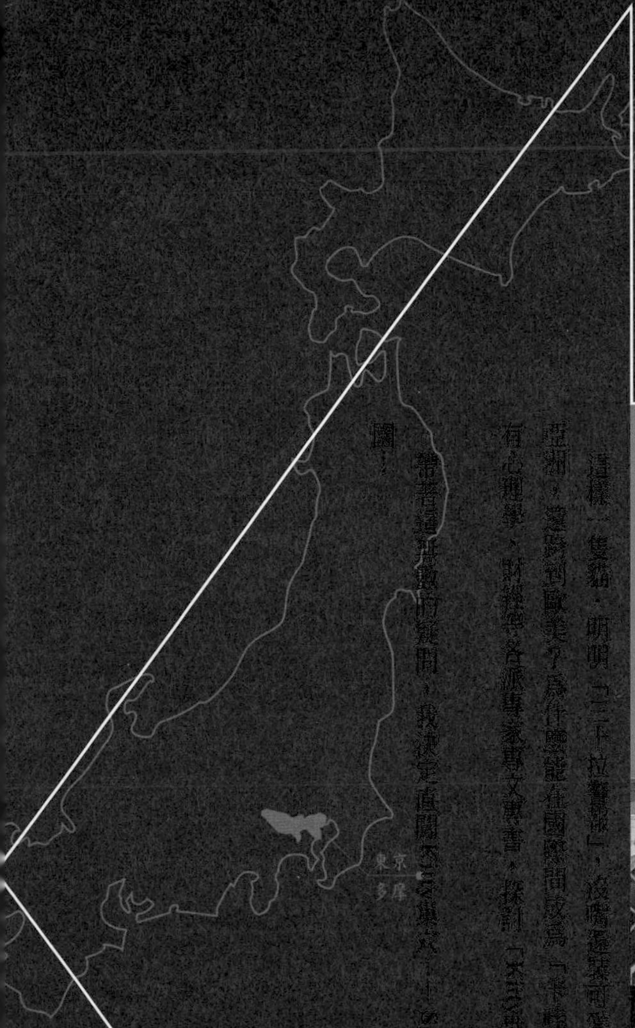

這樣一隻貓，明明「三千拉警報」，沒嘴巴還不可愛，為什麼能稱霸日本亞洲，還跨到歐美？為什麼能在國際間成為「卡哇依」代名詞？為什麼讓有心理學、財經經濟各派專家爭相著書，探討「Kitty世代」、「Kitty現象」？

帶著這許多的疑問，我決定直闖Kitty巢穴——Sanrio Puroland，彩虹樂園！

▶ 橋的末端就是Sanrio Pourland，Kitty貓王國。

景點遊記 Travel Ticket

對抗搶錢天后Kitty，我成了抗日民族英雄

關於Sanrio Pourland彩虹樂園的「恐怖事蹟」，在台灣就已耳聞不少。最經典的是，朋友的朋友挑了那裡當蜜月旅行的最後一站，心想為甜蜜的新婚再加顆蜜糖，哪想到看似夢幻的彩虹樂園，卻成了他們婚姻的墓地……原因雖簡單但卻詭異，只因男主角問了在紀念品店買到快「失心瘋」的女主角：「妳都三十歲了耶，還喜歡Kitty喔?!」當場兩人就說了謝謝，並從此不再聯絡。

這樁傳聞著實讓不是標準Kitty迷的我好奇指數直線上升。尤其是在與一位剛從Sanrio Pourland「歷劫歸來」的朋友喝完下午茶後，我腦海中一直盤旋著她提到彩虹樂園時欲言又止、還帶點「不堪回首」的神情，一副就是剛從「厄夜叢林」逃出的模樣。我當下決定在即將出發的東京行程裡，硬是加入Sanrio Pourland。我倒要會一會這隻看似無辜無害，卻犯下毀人婚姻、害我朋友心神不寧罪行的貓。

直奔Kitty大本營並不難，從新宿搭往橋本方向的京王線電車，三十分鐘就可以到達。一步出車站，保證你不必問路，也絕對明白自己已踩進Kitty

國度，因爲車站前大大地掛著「Hello Kitty's Town」地圖，猶如在進行「主權宣告」——方圓五百里，全是這隻貓的地盤。

一個轉彎，Sanrio Pourland就在眼前。我說過了，自己從來不是忠貞的Kitty信徒，但此刻心情難免興奮了起來。不過當腎上腺素還沒來得及完全的運作，我腦中又浮現幾個因到過彩虹樂園而背負沈重卡債的朋友，以及這隻貓曾犯下的種種罪行……「要清醒！要理智！」站在橋的這一頭，我幫自己

▶ 一踏進Sanrio Pourland，就看見身著田園風美服的Kitty，真是可愛到不行。只可惜相機「耍脾氣」，害我沒拍到她的阿娜答Daniel。

加油，有點興奮，又有點不安，有點衝動，又想要壓抑。走在這條長長的路橋上，感覺自己就像是一個即將步上擂台的拳擊手。

我的對手？當然就是那隻沒有嘴的貓。

到過日本的朋友都知道，整個大和民族，對於搶錢這檔事，確實有他們的一套；從藝能界的少年隊到SMAP，多少台灣的國高中生曾經爲了買一本SMAP的寫眞集而整個禮拜吃泡麵，嚴重影響到我國少女的發育……更別提Kitty這隻曾被我戲稱爲「史上無敵招財貓」的傢伙了。因此，勇闖Kitty大本營，自己似乎成了對日抗戰的民族英雄，耳邊不時傳來朋友的叮嚀，千萬要頂住Kitty的A錢術啊！

深吸一口氣，推開了門——「我的天！」穿著活像草莓蛋糕般可人的Kitty人偶，就在眼前，還與她的「阿那達」Daniel，甜蜜地向我揮著手。Kitty超閃亮的無敵笑臉，逼得我理智盡失，不由自主的投向「敵人」懷抱……

▶妳有戀愛上的疑難雜症嗎？歡迎來到Kitty戀愛神社。

▶在日本旅行，你將發現各地都有地方限定版Kitty，而且不是一隻、一組，而是一整個專櫃，讓你買到手軟。

「卡哇依！」……身後的日本「親子軍團」以不可思議的光速掠過了我，搶先取得「拍照權」。此起彼落的「卡哇依」聲和亮個不停的閃光燈讓我清醒了過來。我發現那些搶在我面前和Kitty牽手、拍照的觀光客們，就像被催眠似的，個個帶著滿足的笑容，自動投向Kitty人偶旁邊的紀念品販賣區，展開「失心瘋」的狂買行徑……

「哇，好險，這招夠狠！」我不禁感激他們剛剛狠狠地把我推開，否則現在慘遭催眠、荷包大失血的，就是我了。

定了定神，決定先巡視「敵營」一圈。

Sanrio Pourland，彩虹樂園，是棟地下兩層樓、地上四層樓的室內樂園，爲了符合Kitty超甜美的氣質，不但有像童話故事裡的漂亮城堡以及一棵神奇大樹，最棒的是，還有精心安排的華麗歌舞秀，整個樂園裡充滿著一種夢幻甜蜜的氛圍。不過，身在敵營，千萬別掉以輕心，所有「搶錢陷阱」就盡藏其中。

在彩虹樂園漫步一遭之後，很容易就能體會，這個地方爲何能讓我的朋友「想忘又不能忘」、「想回憶又覺得痛苦」。舉例來說，每層樓都設有一區獨特的Kitty紀念品販賣區，每樣商品幾乎都可愛到讓人想搜刮回家，但那付出的代價就是你可能從此回不了家。此外，還有販賣可愛貓臉點心的Kitty餐廳、可以印出獨一無二Kitty金幣的電子遊樂園，及三麗鷗卡通明星排排站，隨你挑選的拍照天堂……

雙子星是三麗鷗另一人氣巨星，連台灣名模林志玲也拜倒在它們魅力之下喔！

已經心花怒放，準備要徹底淪陷在Kitty的卡哇依攻勢裡了嗎？提醒你！日本人顯然很懂「天下沒有白吃的午餐」這個道理，在彩虹樂園裡，請記住一個法則，你愈想貼近Kitty，愈想把Kitty的相關產品帶走，就必須付出愈多的代價……我說的，當然就是錢。

撇開錢不談，彩虹樂園眞的是Kitty迷的夢幻天堂。在這裡，你可以滿足所有的Kitty夢想，但要是沒有錢，天堂立刻變成地獄。就像我一樣，看得到卻吃不到，要不斷地忍受理智與情感的掙扎，面臨緊守荷包與買個痛快之間的煎熬，眞的很痛苦。

爲了分散這種痛苦的感覺，我決定避開那些販賣紀念品的地方。才晃了一下，立刻就有新發現，「ㄟ！Kitty戀愛神社？」

正讚嘆於日本人讓Kitty化身爲愛神的「創意」時，只見一旁的女高中生們，竟雙掌合十，煞有其事地祈禱著。許完願後，還「虔誠」地投錢到「Kitty香油錢箱」。

信Kitty，可以得愛情？這是哪門子的道理，當我還在覺得莫名其妙時，卻看見一旁的歐巴桑竟然也「效法」少女們，許完願、丟了錢，臉還紅通通，露出一齒金色假牙的甜甜笑容……這、這、這眞的是個無可藥救的「裝可愛民族」啊！

▶ Kitty王國的國王及皇 然就是Daniel及Kitty囉！

在彩虹樂園裡的那個下午，我像是一個面對脫衣舞孃在面前熱舞的僧侶一樣，忙著進行「克制欲望」的修鍊。聽著離場音樂的響起，看著大家手提大包小包的滿足模樣，我安慰自己只買了幾件紀念品是非常合理的。更何況我需要「證據」，證明我在那隻無嘴貓的凌厲攻勢下，還能夠理智地杜絕眾多誘惑，只挑「不買可惜」的東西，順利成爲抗日成功的民族英雄！

步出夢幻大門，夕陽已西下，看看別人的一大袋，再瞧瞧我的一小包，有點失落，但戰勝Kitty的驕傲感也隨之從心底油然而生……「喂！卡有沒有刷爆？」朋友「恰是時候」打電話來問候，我得意地說：「哈！哈！我是Kitty魔掌下唯一的倖存者，只花不到兩千日幣，就買了超優東西，門票也只花了三千日幣。」

「ㄟ！三千日幣的門票，那種票不是不能玩遊樂設施，也不能看精采的Kitty歌舞秀嗎？妳花三千日幣進去買東西的喔！」

這才發現，原來我早在進入Kitty樂園之前，就著了這隻招財貓的道了……

情報站1

Sanrio Pourland 彩虹樂園

和諧樂園，把米老鼠換成凱蒂貓

[illegible]

京都だけの限定版
写ルンです スーパー
スリムスター
すぐつくフラッシュ 25ショット
はろうきてぃ
APS
限定品
FUJIFILM
Super SlimStar
大人気のキティが「写ルンです」に!
おみやげにピッタリ!
すめ価格

情報站2 Harmony Land 和諧樂園

地址：大分縣速見郡日出町大字藤原5933番地

電話：0977-73-1111

門票：[illegible]二千八百日圓，如果你對遊樂設施[illegible]興趣，只想進去買紀念品以及感受一下可愛的氣氛，可以買一千[illegible]日圓的觀光券。

交通：從福岡或長崎到「Harmony Land」，開車大約需要兩小時，若大眾運輸工具的話，要先從大分搭乘JR日豐線到杵築站，再轉交通巴士到「Harmony Land」。

網址：www.sanrio.co.jp/harmony/welcome.html

旅遊情報 Travel Information

逛完彩虹樂園，我們還能……

前進多摩市前，對這個地方早有耳聞，日本政府強調多摩市生活機能完整，是個史無前例的完美人工造鎮，並引以爲傲。多摩市就是這樣一個充滿未來感的「人工都市」，是個完全設計、完整開發後，再把人「搬」進去的衛星市鎮。

漫步其中，眞的感受到不同於其他城市的乾淨、秩序。但可能是個人偏見，我總覺得太過刻意經營、少了人味的城市，就是不對勁……要不是一旁還有談情說愛的高中生，路邊有著幾家風格溫暖的生活雜貨鋪，我眞的覺得自己好像踏進了未來世界，接下來就該搭迷你飛行艇前進……

逛了幾家甜美小店後，我血液中的夢幻因子，渴望再多一點甜蜜，於是決定前往田園調布，尋找超夢幻的Kitty專賣店。

Kitty的老闆曾說：「我們試著爲Kitty添點變化，所以加入了草莓、櫻桃、花朵等夢幻又可愛的元素，結果發現Kitty迷最愛Kitty與草莓的結合，所以，草莓就成了Kitty的最佳搭檔。」

一踏進多摩市，就能看見Kitty全家歡迎你。◀

三麗鷗老大，可是說到做到，因此草莓圖案，不但常出現在Kitty身邊，就連三麗鷗發行給「粉絲們」的通信刊物，也取做《草莓新聞》。更猛的是，三麗鷗還在田園調布活生生「種」了顆草莓，將位在這裡的直營店「田園調布いちごのず家」設計成一顆大草莓的模樣！Kitty迷可以直入草莓買Kitty，夢幻指數眞是破表！

踏進「田園調布いちごのず家」，要夢幻、勤血拚後，別急著搭車離開，這裡可是個値得好好走走、仔細瞧瞧的地方。

只要提起「田園調布」，東京人一定是：「哇！有錢人住的地方。」就像是台灣人聽到天母的第一個反應。

沒錯，「田園調布」算是東京的超高級住宅區，這塊土地，是所東急線創設人澀澤榮一，參考歐美摩登又帶點休閒感的田園都市爲設計構想。他以此爲藍圖，有計畫地展開建設，不論是電車、學校、道路，或郵局、市場、綠地等，都是經過規畫而成，算是高格調的理想住宅區，因此也吸引了不少名人雅士入住，如日本棒球之神長嶋茂雄、東京都知事石原愼太郎等，都居住在此。其中長嶋茂雄的家還被當地政府列爲推薦遊賞地標。

除了有Kitty迷必訪的「田園調布いちごのず家」、日本數一數二大人物的私宅可參觀外，這裡還有一個日劇的知名場景，「櫻坂」。

標準哈日迷都知道〈櫻坂〉這首歌，是資深帥哥福山雅治的暢銷金曲，而「櫻坂」確有其地，可是日劇《未來日記V》裡重要的一幕。

故事很簡單，一個男孩向一個女孩許下約定，兩人要在一個很棒的地方，共賞櫻花盛開的美景……劇情了無新意，想當然爾，男孩和女孩一定克服了種種波折，終於相逢。雖然很芭樂啦，但景點挑對了，背景音樂響得是時候，還是很催淚。

想像一下這個畫面，女孩嬌喘噓噓地從櫻坂的斜坡上，跑向男孩，兩人站在漫天飛舞的櫻花雨中相擁……此時福山雅治低沉的嗓音適時響起，眞是令人感動到不行啊！

情報站3

雖說「櫻坂」是位於田園調布，但嚴格來說，它是比較偏沼部，所以怕遠嫌累的日劇迷，可以在多摩川站轉東急多摩川線，在沼部站下車，徒步約五分鐘，就可以看見。

月刊
いちご新聞
1部 189円（税込み価格）
1974～2004
Hello Kitty 30years
Hello Kitty 30years Limited Goods
キティ RIBBONグッズ
1975年ドールのレプリカ
キティクラシックDoll
Kitty's Life INDEX
U·SA·HA·
6月号 発売中!
これからも キティは ハルウララを 応援し続けます♥
NEVER GIVE UP!
3/22 いち新号外
ハルウララ106戦目
いち新的おっかけ★
熱愛ドキュメント
夏もシナモン おっかけ宣言～♥
いちご新聞 Mail Order スーパーDX
ついにキティ30周年グッズ登場～★
Red-Whiteのキティ Modern
インテリアも、大注目!!
♥ふろく
ナチュ★BAG
♥ポスター
シナモン
全3種類
©2004 SANRIO CO., LTD.
CHARMMY KITTY

漫畫八卦 Comic Gossip

解開Kitty身世之謎

日本國民貓Kitty，竟然是隻英國貓？！

沒錯，已經與日本畫上等號的Kitty，其實是隻出生於英國倫敦近郊的小貓咪，眞實名字爲Kitty White。就連青梅竹馬的男友都是「正港」的英國貓，全名爲Daniel Star。丹尼爾後來還全家移民非洲，與Kitty談了一場遠距離戀愛哩。

很多人以爲Kitty空有一張貓臉，熟不知，她可是有名有姓、有男友、有生日、有血型、有專長、有朋友，還有家人！

Kitty一家人，懷特家族，住在離倫敦約二十公里的近郊，全家住在一棟兩層樓高的紅瓦頂小白屋，Kitty的爸爸叫George White，媽媽名爲Mary White。恐怖的是，她還有一個雙胞胎妹妹，Mimmy White。既是雙胞胎，當然是長得一模一樣，唯一判別標準就是Kitty的蝴蝶結是紅色的，Mimmy的蝴蝶結是黃色的。而Kitty的祖父母住在離他們很近的森林裡，爺爺是Antony White，奶奶稱爲Magaret

億美金（三麗鷗其他明星如雙子星、大眼娃、酷企鵝等大夥兒賺的加起來都沒Kitty的一半哩），某個程度甚至是日本「卡哇依文化」的重要代言人。總的來說，是有點幸運，加上Timing對了，配合三麗鷗精準的行銷策略，Kitty的成功，絕非偶然。

透視Kitty賺錢術

三麗鷗王國爲了保住Kitty一姐的地位，讓Kitty繼續穩居賺錢天后，可是費盡無數心思。光是Kitty的主要設計師就已換了三代，從第一代的清水侑子、第二代的米窪節子，到現在第三代的山口裕子。（奇怪，要當Kitty設計師，非是什麼「子」不可？）

這三代設計師的主要任務，就是捧Kitty、炒Kitty，讓她的人氣始終高居不下，緊緊抓住fans的心。當然，更重要的是，還要想辦法掏出fnas的錢。

因此，讓Kitty緊抓時代潮流，甚至引領流行風潮，就是三麗鷗全體員工的努力目標。而已屆「三十拉警報」高齡的Kitty的確也像蔡依林所唱的《七十二變》一樣，眞的是

White，名字都很歐洲。

其實，一九七四年Kitty誕生在三麗鷗時，Kitty媽媽——即第一代設計師清水侑子，並未賦予她任何的背景及故事情節，純粹只是一個可愛的卡通圖案而已。而侑子會創造Kitty，原因也很單純，她喜歡貓咪，所以想畫隻頭上繫著紅蝴蝶結、看來很可愛的小白貓。當時三麗鷗老闆信太郎對於Kitty並沒有一見鍾情，甚至在傳記中坦承：「說實在的，當初我看到那張圖時，只覺得『不太壞』……」信太郎一點都沒料到，這隻not bad的貓竟然改變了他的一生。

一九七五年十一月一日，Kitty以新秀之姿出現在三麗鷗《草莓新聞》上，吸引無數「卡哇依迷」的注意，產品大賣，從此也奠定了三麗鷗一姐的地位。連信太郎都說：「我的王國都靠這隻貓」。

一隻小貓可以造就一個玩具王國，年年爲三麗鷗賺進近五

「愛漂亮沒有終點」；從早期的夢幻小貓路線，到一九九四年首度改變造型，拿掉蝴蝶結，改別朱槿花；到一九九六年，迎合日本「少子化」現象（亦即是年輕化潮流），出現Pink Kitty，將Kitty商品除了可愛外還添加個性、流行元素。

而原本沒有嘴巴、個性模糊，在洋人嘴中很具「禪」意境的Kitty，在一九八一年，由第三代設計師山口裕子接手後，也開始有了「人」味。裕子爲Kitty添加了更豐富的個性：如彈得一手好鋼琴、網球也打得不賴，最棒的是還有一口流利的英語，喜歡交朋友、喝下午茶、漂亮的東西，而男友丹尼爾是不斷在世界各地旅行、立志長大要當攝影師的陽光男孩……

我們可以說，裕子這招很高明，因爲Kitty所擁有的一切，正是時下日本女人及女孩所渴望，她們從Kitty上看到自己所希望的未來：聰明、可愛、英文流利、有一堆好友可以一塊兒玩樂，身邊還有個貼心並具有國際觀的帥氣男友。無怪乎，我們會在東京街頭看到一身香奈兒套裝的ＯＬ，拎在手上的ＬＶ包包上頭卻繫著Kitty吊飾！

因此，Kitty可以紅這麼久，不是沒有道理，Kitty一直跟著時代的演進而改變。如果到了兩百年後，有人開著Kitty太空船，可別太訝異！

hite

Kitty 夢幻檔案

全名　Kitty White
暱稱　Hello Kitty
生日　一九七四年十一月一日
血型　A型
星座　天蠍座
身高　五顆蘋果
體重　三顆蘋果
專長　打網球、彈鋼琴、做歐洲田園風的小餅乾
最喜歡的科目　英語及音樂
就讀　倫敦某小學的三年級
願望　長大後成為一個詩人或鋼琴家

連比爾蓋茲都動心的Kitty賺錢術

一九七五年，第一個Kitty的商品問世，它是一個繡有Kitty畫像的小錢包，只要花二百四十日圓（台幣約八十元）就可以買到。但你千萬別小看這二百四十日圓，因爲經過三十年之後，Kitty商品已在全球累積超過三十億美金（台幣約一千億）的營業額，而且保守估計，它每年可以幫日本的三麗鷗公司賺進五億美元（台幣約一百七十五億）！

很難想像，這隻小小的貓，光是靠裝可愛的招術，就可以成爲全球知名的搖錢樹。一九七三年，Kitty還沒有出生的時候，三麗鷗每年的營業額只有一千四百九十萬美元，一九七四年Kitty一問世，三麗鷗的營業額立刻上漲三倍，到一九七七年漲了七倍，而到二〇〇二年，更是漲了五十倍！

Kitty能賺這麼多錢，應該要頒個「惠我良多」的扁額給台灣，因爲台灣是僅次於香港的Kitty商品第二大海外市場。一九九九年台灣麥當勞搭配送Kitty玩偶的促銷活動，結果在兩周之內，就送出二百五十萬隻Kitty！這代表當年在台灣這個島

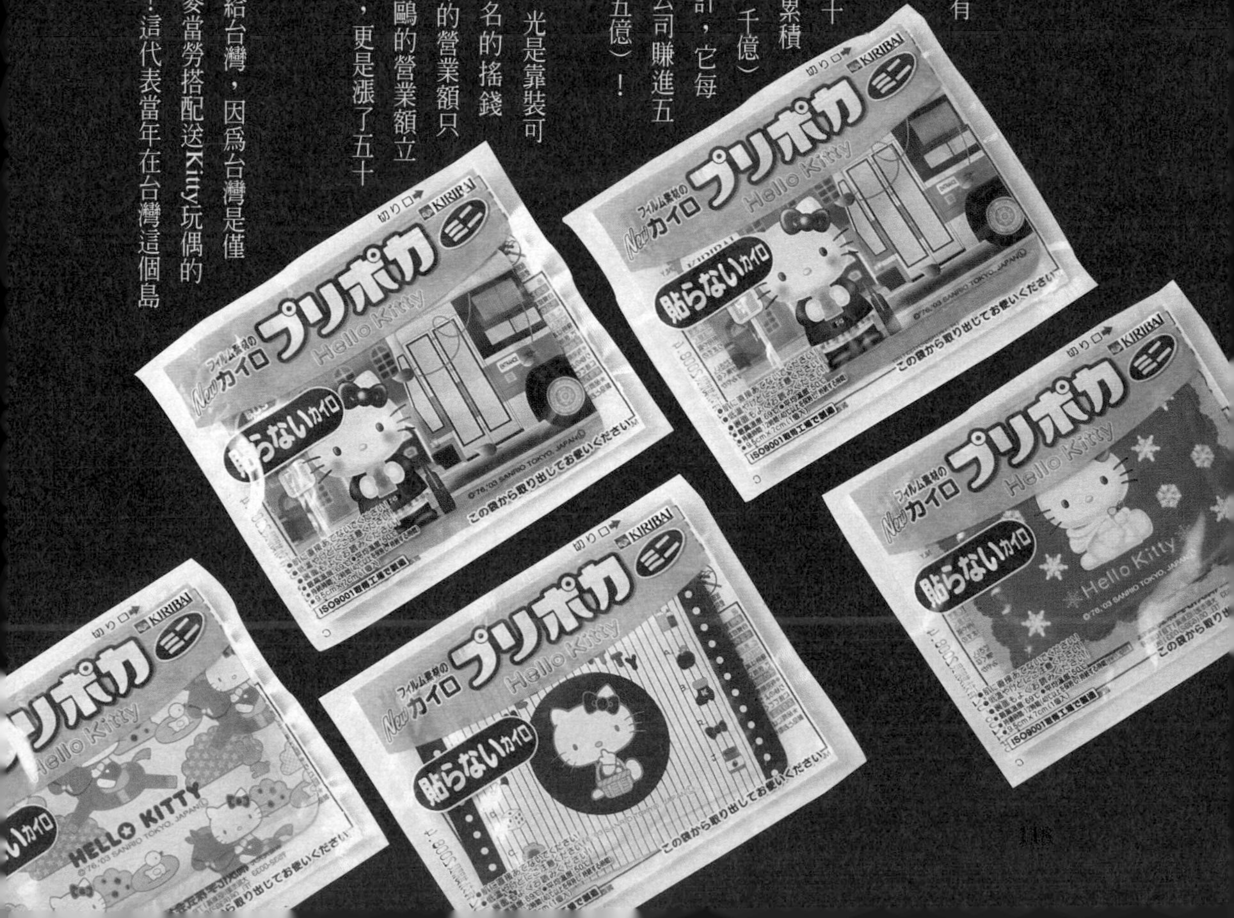

上，大概每八個人就有一個人爲了Kitty去排隊！而靠著這項簡單的促銷活動，麥當勞賺進大約四億台幣！

如果你討厭Kitty，或是對Kitty商品過敏的話，那可能無法在台灣活下去，因爲Kitty總共有兩萬多件商品，小從面紙，大到汽車，你都能看到Kitty的芳蹤。而且Kitty的足跡偏佈世界四十個國家，也就是說，想逃離Kitty的魔掌，你可能得躲到非洲或是北極！

這一連串的驚嘆號，都代表著Kitty驚人的A錢成就。爲什麼說「A錢」？因爲Kitty的商品材質並不特別優，用起來也不特別讚，但只要掛上這隻貓的金字招牌，價格就可以水漲船高，而且還非常好賣！

根據「Branding Asia」二〇〇二年的「亞洲最佳品牌」調查，Kitty高居第三名。不過，排名第一的Sony沒有Kitty厲害，因爲就算是「Sony牌」，如果電視有雜訊，冷氣機不涼，管它招牌再亮，還是沒有人會買；但「Kitty牌」就不一樣了，Kitty的面紙擦起來比較順嗎？Kitty的筆寫出來的文章比較感人嗎？恐怕未必吧，但還是可以挑起fans的瘋狂購買慾。

這就是Kitty厲害的地方了，無怪乎據傳比爾蓋茲想花五十六億美元買Kitty的商標，因爲他的微軟不時還要換新版，但Kitty卻可三十年不變的裝可愛，還是一樣繼續搶錢兩千年！

相關商品

Travel Gift

Kitty 鐵路便當

每回看「電視冠軍」，對於光是從廚櫃拔蓋所聞的氣味，或是閃過一秒的莫名其妙剪影，就能快速猜出正確答案的各式「達人」，總是感到佩服不已。而他們的「神乎其技」也刺激著日本人所發掘研究的興趣，更與創意的各種產品。其中，鐵路便當，就是重點項目。

這回購得的西日本JR岡山限定版Kitty鐵路便當，不僅造型特殊，最重要的是料也實在，完全[illegible]」，讓是獲選二〇〇四年西日本JR「便當達人」排行榜，也是[illegible]公認「人氣度」，極具特色的收藏品喔！

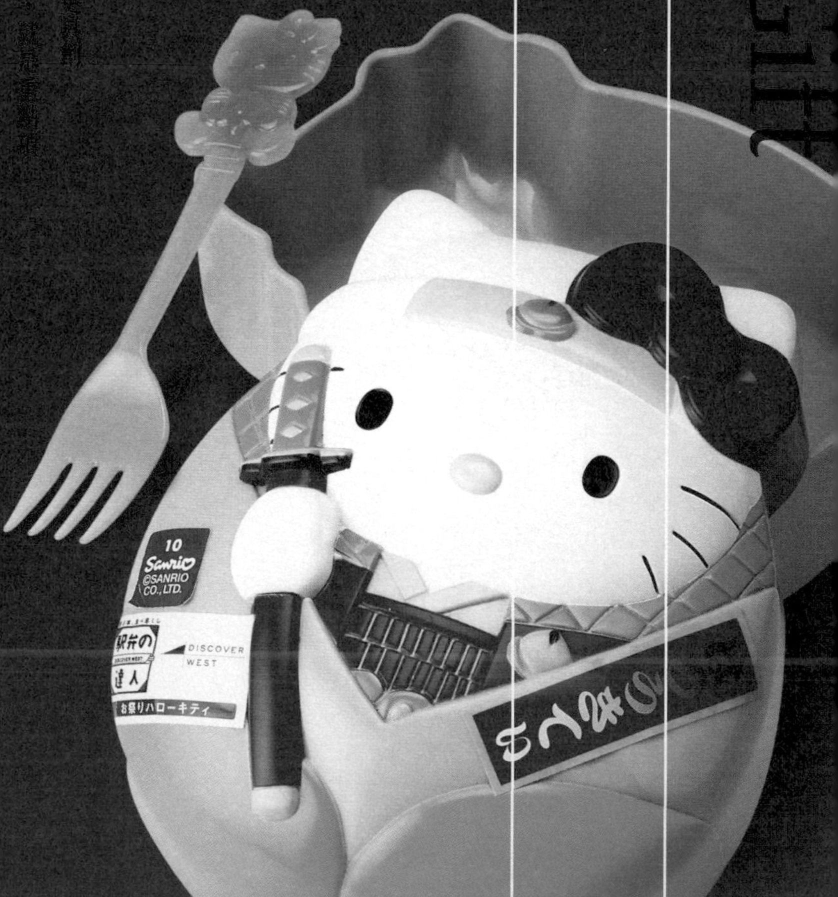

Kitty 歌舞伎及日本舞蹈專書

擅長製造話題的三麗鷗，在二〇〇一年曾推出一系列歌舞伎Kitty，手帕、手機吊飾、糖果盒等，全是Kitty化身爲知名傳統歌舞伎名角的圖案。這一系列歌舞伎Kitty曾掀起一股收藏熱潮，我沒加入搶購人群中，但卻意外地在東京舊書攤角落裡，找到一本當初搭著那股熱潮，由三麗鷗出的專書。

這本書是以深入淺出的圖文書方式，介紹日本傳統歌舞伎歷史、名作、現存劇場及流派、名角，最可愛的，當然是由三麗鷗三姐Kitty，化身爲各齣名作裡的女主角，而頗具創意的是，男主角、配角等，就分給三麗鷗其他的卡通人物，如大寶、酷企鵝，都在專書裡「客串演出」喔！

Cosplay Kitty 資料夾

我懷疑，Kitty是全日本最愛玩「角色扮演」cosplay的，要論上國際造變過玩過的造型、變造的模樣，實在多得令人眼花撩亂，如果將牠變「扮過」以來至今的造型一字排開，絕對稱得上是目前最長的隊伍會

而這個以Kitty化身知名童話角色的資料夾，就是一款變裝，不但造型超氣化身爲十六個知名故事裡的主角，如《兩顆豌豆上的少女》裡的小雪、《阿拉丁神燈》裡的公主、《愛麗絲夢遊奇境》裡的愛麗絲等。最妙的是，Kitty竟然還搖身一變成爲《西遊記》裡的唐三藏，本通，披著袈裟、拿著念珠的Kitty，讓人看了臉上還浮出三條斜線……

浴衣Kitty

地方限定版Kitty

Sanrio Pourland

東京都多摩市落合1-31

BY AIR MAIL
PAR AVION

▶ 三麗鷗SHOP遍布日本各地，無法到這些超級名點「朝聖」的粉絲，不妨先上網www.sanrio.co.jp/bus_info/shoplist/online.html查詢離你最近的血拚地點，還是可以小小滿足到日本買Kitty的願望。

▶ 這隻呆得可愛、觸感極佳的龍貓娃娃，是好友在日本一家小店買到的（據他的形容就是很像會出現在《龍貓》裡的那種鄉下雜貨店），感謝他的用心尋找，讓我的「龍貓大感動之旅」中有個忠實夥伴陪著我。

對胖子最友善的稱呼
龍貓
No. 5

漫畫介紹 Travel guide

可不可以，叫我一聲龍貓？

十六歲時念的學校，是一所以保守校風聞名的女校，頭髮不可染燙、裙短不可過膝、書包不可反背、單車不可雙載、白襪不可有花……種種的不行，都是爲了讓大家生活目標單一——考大學！

學校的「不行條例」中，當然包括不行攜帶任何非上課用的東西到學校，但不知爲何那年，龍貓竟然入侵我就讀的女校（L.A. BOYS當場就被拋棄），突然間三班、五班、十班，一年級、二年級、三年級，都爲龍貓騷動不已。

不斷有人在上課、下課討論著《龍貓》的劇情，當然也有少數家境優渥的同學「偷渡」各式龍貓商品來學校現寶……種種行徑中，又以「誰像誰」活動，最能吸引大家投入。

一頭短髮、率性開朗又負責的姐姐小月，以壓倒性的票數，由七班那個爲全校女孩所瘋狂的「帥妹」當選。四班那個女孩，則是因爲擁有和妹妹小梅一模一樣的髮型，靠著移情作用，驚險上榜。而龍貓呢？哇！六班的胖胖女孩竟然被公認最有資格，因爲她總是一臉溫暖笑意，眼睛也常常咪成一直線……

我呢？一頭長長的直髮，既不像小月，也不像小梅。當時瘦得跟竹竿沒兩樣的身材，當然也跟龍貓無緣。每回在走廊聽見有人熱烈地叫著「小月」、「小梅」，尤其是「龍貓」時，我眞的好想說：「可不可以，叫我一聲龍貓？」

但，現在如果有人叫我龍貓，我大概會哭吧，因爲這意謂著我雖然可愛，但也代表我圓圓胖胖的。開什麼玩笑！千萬別叫我龍貓！

景點呈現 Travel Map

童話的開始，二十分鐘的前戲

我曾經爲了尋找柯南遠赴鳥取，爲了找麵包超人而殺到四國，照理說宮崎駿把他的吉卜力美術館設在東京市，我應該謝天謝地，不能再有什麼埋怨了。

然而，在電車如此發達的東京，幾乎每個地方都可以在地鐵出口步行三分鐘即可到達，我實在不了解，宮崎駿爲什麼不能把吉卜力美術館設在交通更爲便利的地方，非要從地鐵站再轉公車，或是步行二十分鐘不可？

特別是當我抵達吉祥寺站，天空飄著雨，我卻必須穿越滿地泥濘的井之頭公園，才能到達吉卜力美術館的時候，我不禁一次又一次地在心裡問著宮崎駿，爲什麼？爲什麼？爲什麼？

還好，心頭的滿腔疑問和滿腳爛泥巴的怒氣，並沒有影響到我欣賞井之頭公園的興致。很難相信在東京市有這樣一個原始的公園，我在裡面繞了二十分鐘，沒看到什麼路人，映入眼簾的全是滿園滿谷的綠！

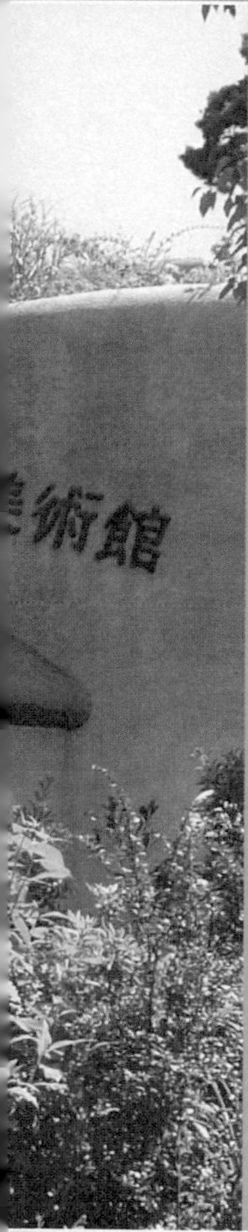

出現在井之頭公園的「龍貓」，指引著迷路的旅人，繼續旅程。◀

在這樣一個靜謐而且原始的公園裡，加上即將光臨吉卜力美術館的興奮感，我不禁想像著，穿越這片綠之後，會不會有一隻大龍貓撐著傘在那裡等我？

眞的！我眞的等到了一隻龍貓！不過，我並沒有像小月和小梅這麼幸運，它只是一個小小的龍貓塑像，默默地在公園裡執行任務，指示觀光客吉卜力美術館的方向。循著小龍貓的指引，我穿過這片綠之後，看到了像童話城堡般的吉卜力美術館，以及屹立在頂樓的超大型機器人。

我想，我有點了解爲什麼宮崎駿要大家走這二十分鐘了……

▶ 隱身於滿園綠意中的吉卜力美術館，
就像在現實中突然冒出來的童話世界，令人驚喜。

比龜毛，宮崎駿不輸白龍王

如果要在一分鐘內立即推薦不去會懊悔一生的日本美術館，我的答案絕對是吉卜力！

別怪我如此武斷，最起碼，從過去到現在，經我推薦而去的每個人，回來之後，都會出現一種症狀，就是雙手微微顫抖、眼睛綻放光采，不停訴說著在館中看到的點點滴滴。這種感覺實在有點像是剛到泰國參拜白龍王回來的某某藝人。

當然，宮崎駿畢竟不是白龍王，他無法預知你的未來，更不知道你什麼時候紅、什麼時候不紅。不過，他龜毛的程度，簡直跟白龍王有得比！

據說，想見白龍王，有錢也不一定有用，還得看他和你投不投緣、時辰對不對，好不容易得到恩准，可以見他一面，又得配合沐浴淨身、身穿白衣等種種規定……同樣的，想一遊吉卜力美術館，也不是有錢就辦得到，你必須得先預約才行。

預約？我只聽過明星御用的髮型設計師要預約，醫術超高明的醫生要預

滿園綠意的井之頭公園，曾是日劇《跟我說愛我》中的重要場景。◀

約，時下正in的美味餐廳要預約……但，美術館要預約，這還是我頭一遭遇到。

宮崎駿的龜毛不僅於此，除了必須提前預約外，只要是海外遊客，就連要預約，還得到指定的門票代理地點，才能如願。而台灣，僅僅一家，別無分行。看到這裡，你已經快罵髒話了嗎？先等等，後面才是耐性大考驗的眞正開始。

除了一定得預約外，吉卜力是採限日、限時、限人數進場的方式——換句話說，如果你挑定了日期，不管是酷斯拉踩平了東京地鐵，還是湯婆婆來個水淹東京，你都必須克服萬難，準時前往，要不就只能望門興嘆了。

據說，白龍王龜毛的原因，是因爲他很神，神到可以讓某某人紅個好幾年。那麼吉卜力美術館呢？憑什麼它可以這麼龜毛？

我想只要是踏進美術館、領略過那份感動的遊客，一定會原諒宮崎駿的龜毛。首先，宮崎駿早在規劃、設計吉卜力之初就曾說：「我希望每個踏進吉卜力的人，都能像迷路的孩子一般，自由探索、快樂領略。」既然要你痛快迷路，當然就不會出現導引指標，因此控管人數，勢在必行。

不騙你，光是不必飽受人擠人的痛苦，你就該多謝宮崎駿的龜毛。漫步在吉卜力的悠哉心情，眞是飛揚得讓你眼前的每幅畫，都像《蒙娜麗莎的微笑》那般高貴。不像在台灣舉辦的畫展，只要是標榜大師名作，絕對擠爆會場，與其說是看畫，還不如說自己像是上了生產線的罐頭，「全自動」地被「送」到下一幅。感動了沒？還意猶未盡嗎？很抱歉，罐頭是沒有回答的權利的。

漫步吉卜力，你不是罐頭，而是孩子，館內沒有動線可言，你高興往哪兒跑，就往哪兒跑，一切隨心所至。

你可以選擇向大師致敬，看看他的工作室以及堆積如小山的草圖，幻想一下大師就在你眼前作畫；你可以發揮實事求是的科學精神，跟著操作機器，搞清楚動漫的原理及製作過程，假裝你自己就是導演；你可以當浪漫詩人，遊盪在迴廊、屋頂等每個角落，詠嘆處處不經意流動的美感；你還可以成爲哲學家，爬上屋頂，觸摸飛行石，仰望機器人，一同思索生命的意義；你更可以當個興奮的影迷，衝進土星劇場，隨著獨一無二的吉卜力短片，進入另一個世界。

寒冬的午後，我在吉卜力裡「迷」了一圈又一圈，發現若要以一句話形容吉卜力，套句周杰倫的口頭禪最是傳神，眞是「夠屌」！屌到夠資格，讓我們甘心透過那些龜毛的預約程序，才得以一窺殿堂之美。

後來想想，預約算什麼！我們應該很慶幸，至少宮崎駿沒有規定每個參觀的遊客都要穿上白衣，不，應該說是龍貓裝吧！

▶ 吉卜力美術館外觀五顏六色，看起來就像個大蛋糕般可愛。

▶ 機器人加上飛行石，儼然是電影《天空之城》的場景再現。

若是時間夠多，不妨照著公園裡的地圖指示散散步，領略東京靜謐的另一面。

情報站 1

Ghibli Museum 吉卜力美術館

地　　址：東京都三鷹市下連雀1-1-83

電　　話：81-422-402233

營業時間：一〇：〇〇～一八：〇〇，周二例休，另外，不定期還會長期館休

門　　票：十九歲以上一千日幣，十三至十八歲七百日幣，七至十二歲四百日幣，四至六歲一百日幣

交　　通：從新宿站搭乘JR中央線，抵達三鷹站，可由三鷹站南口搭乘龍貓巴士前往，十分鐘一班。單程票兩百日幣，來回票三百日幣，兒童半價。也可選擇從三鷹站南口，沿著玉川上水徒步前往，路程約十五至二十分鐘。另外，也可搭乘JR中央線，在吉祥寺下車，尋著車站前的七橋井通直行，穿越井之頭公園，步行約二十至二十五分鐘，即可到達吉卜力美術館。

叮　　嚀：在台灣旅行社購得的並非門票，而是入場預約券，必須依你預約的日期，當天到美術館的入口，將預約券換成入場券。每天的入場指定時間爲四場，分別爲第一場一〇點（一〇：三〇前入場）、第二場一二點（一二：三〇前入場）、第三場一四點（一四：三〇前入場）、第四場一六時（一六：三〇前入場）。由於入場人數有所限制，因此，建議最好早點到。

網　　站：www.ghibli-museum.jp/

▶ 遠遠地就看到了《天空之城》裡的機器人，如同守護最後一片淨土般，佇立在美術館屋頂。
宮崎駿曾說，屋頂花園是他最喜歡的角落。

旅遊情報 Travel Information

挑戰不可能的任務，龍貓森林大冒險

對於像我這樣一個把《慾望城市》奉為戀愛聖經、球鞋純粹拿來當時尚配件的女子，登山就像到月球一樣，遙・不・可・及！

但，這回我卻要向阿湯哥看齊，挑戰不可能的任務——去爬山，而且是遠在日本的一座山，狹山。

「跑到日本去爬山？妳？」朋友聽到我此趟日本行，竟然不是血拼，不是美食，不是泡湯，而是爬山（連我在台灣都沒碰過的玩意兒），臉上浮現了像是看到外星人般的不可思議表情！

說實話，連我自個兒都不太相信。但我真的決定要把爬山這檔事，列入我的東京之行，為此，我還特別挑了一雙有型有款的Nike Air Force，加入行李清單，好強化自己必去的決心。而這一切，說穿了，都是為了龍貓，因為狹山是座龍貓森林。

在轉了n趟電車，並九彎十八拐地問了n個路人後，我終於踏進了這片位於東京與埼玉交界點的森林，又稱狹山丘陵。很難想像眼前這片靜謐森

林，曾經差點因人類的貪婪之心，迅速被各式名堂的「都市開發計畫」蠶食鯨吞，因爲它是這般廣大而深邃，身處其中的我，連呼吸都小心翼翼，深怕「冒犯」了森林之神——龍貓。

雖說是龍貓森林，但可不是很「俗氣」地將各式龍貓雕像、龍貓公車等擺滿森林，相反地，這是個龍貓不見蹤影的森林！

你可能會問說：「半隻龍貓都沒有？幹嘛叫龍貓森林！」然而，隱藏在這個名稱的背後，可是段感人的故事。

狹山丘陵，位於東京與埼玉交界點，是片幅員廣大的森林，裡頭蘊藏著無數珍貴的動植物。不過，由於東京都市人口迅速擴張，土地不夠運用，因此，它的命運就像《歡喜碰碰狸》裡的森林，慘遭都市開發魔掌伸入，怪手、挖土機紛紛進駐，眼看這塊森林即將毀壞殆盡。

意外地，一九八八年《龍貓》大賣，也帶動了一股環保熱。這座森林，拜森林之神龍貓之賜，有了復活的契機。不少原先就熱心於保育這座森林的人士更是疾呼：「不要讓龍貓的家消失了……」等口號，希望喚起世人的注意。

這樣的訴求，引來宮崎駿的注意，並破天荒地將TOTORO的肖像權，無條件地奉送給基金會，成立「龍貓基金會」（Totoro Fund）。有了龍貓加持，加上保育人士的努力不懈，狹山奇蹟似地「敗部復活」，不但讓尚存的森林，從奄奄一息的狀態下活了過來，守護這座森林的人們，更積極地「收復失土」，一吋一吋地將原本快淪爲工廠、大廈的土地，「買」了回來，並爲保育這塊土地繼續努力。

我感動於這樣溫情的故事，因此決心「朝聖」。不過，身處於這個安靜到連自己的心跳都聽得到的森林時，我終於知道「龍貓基金會」裡的歐巴桑爲何一再奉勸我千萬不要單獨入林！面對著前方深不可知的森林、後方依稀可見的小路時，我決定回頭！但在轉身前，我在大樹前蹲了下來，用樹枝畫了顆橡樹籽，我知道龍貓一定隱藏在這森林深處，而這是我送給它最棒的禮物！

情報站2

TOTORO FUND 龍貓基金會

地　址：埼玉県所澤市小手指町4-20-2-1F

電　話：04-2947-6047

營業時間：九：〇〇～一八：〇〇

交　通：從東京的池袋搭西武線到埼玉的小手指車站，大約需要半小時。而抵達小手指車站之後，步行十分鐘就可以到達龍貓基金會。小手指車站旁有一間警察局，可以出示基金會的住址，請警察告訴你該怎麼走，這可以節省體力及口水。

網　站：www.totoro.or.jp

▶ 吉卜力美術館充滿童話色彩，讓人置身其中，很容易忘了時間的存在。

漫畫八卦 Comic Gossip

吉卜力，日本動漫旋風的開始

「撒哈拉沙漠裡的熱風」，這是GHIBLI（吉卜力）這個義大利單字的意思。二次大戰時，義大利軍用偵察機也曾以此爲名，它出沒敵營，探測敵情，大有斬獲。向來癡迷飛機的宮崎駿，看中了這個字背後的狂熱，決定以此做爲動漫工作室之名，從此展開他的「宮式旋風」，席捲動漫世界。

一九八四年，算是「宮式旋風」開始狂吹的一年，因爲他的代表作《風之谷》在這一年上映，不但迅速地拿下了當年日本最佳電影觀眾票選第一名，在票房上也有漂亮成績，光是帳面收入就有七億四千兩百萬日圓。

也因爲《風之谷》的大賣座，讓宮崎駿及高畑動等幾位堅持要做日本動漫革命第一人的勇士們，終於獲得彈援。德間集團大方表示，將支持他們成立專製動漫的工作室，一九八五年，這些動漫家的夢想地——吉卜力工作室，於是誕生。

「這一部成功，才有下一部。若是失敗了，就此結束！」吉卜力成立之初，宮崎駿等人是抱著「不成功便成仁」的心態，面對他們即將展開的動漫革命。因此，當時的吉卜力，不像一般公司，既有固定辦公室、也有穩定的班底，反而他們的辦公室是租來的，就連參與動畫製作的七十位員工，全是約聘而來，動畫一完成，大夥兒就自動閃人。宮崎駿及高畑動等人，決心背水一戰。

別再叫我宮崎駿啦！

「不要再叫我XXX啦！」通常這般反應，只會出現在兩種狀況，一是其實他（或她）挺渴望有人叫他XXX，偏偏左盼右顧，都沒人理，只得大聲嚷嚷，吸引注意。如果這樣說，你還不明白，那再白話點舉個例，就像吳宗憲，他老說：「不要再叫我劉德華啦！」這代表著什麼，你應該清楚了！

另外一種情況，當然就是「好漢做事，好漢當」，但偏偏不是好漢幹的事，當然也別叫好漢含冤和血吞。這般情形，就發生在高畑勳、望月智充、近藤喜文身上。這三位在日本動漫史也算占有一席之地的大師，在台灣，卻老是落得不但亮出名號沒人知，就連嘔心瀝血的作品，大家都還

吉卜力的第一戰，即是一九八六年推出的《天空之城》，雖然五億多的票房收入不如《風之谷》來得耀眼，但在當時日漸低迷的動畫電影市場中，仍算是漂亮成績。緊接著，一九八八年，吉卜力同時推出分別由宮崎駿、及高畑勳主導的《龍貓》、《螢火蟲之墓》，雖然當時票房不如預期理想，但這兩部片子眞的是屬於「微風長吹」的吉卜力代表作，至今仍令動漫迷們心醉不已。

一九八九年，對於宮崎駿及吉卜力是十分重要的時間點，因爲在這一年，《魔女宅急便》一推出，票房直衝二十一億七千日圓，終於讓宮崎駿及吉卜力嚐到被市場肯定的迷人滋味。吉卜力工作室也因此大賺錢，終於從約聘制轉爲培訓制，不但大夥兒全變成專職員工，公司還年年培訓新人，爲日本動漫工業注入新血。

吉卜力自此之後的每部片，如一九九一年《回憶點點滴滴》、一九九二年《紅豬》、一九九四年《歡喜碰碰狸》等片，票房、人氣、口碑都很不錯。其中曾被宮崎駿宣稱爲「封山之作」的《魔法公主》，更是在上映那年（一九九七年）創下一百一十三億日圓的票房。這種數字已經夠驚人，沒想到宮崎駿二〇〇二年復出之作《神隱少女》，票房更上一層，有三百多億，還成爲勇奪柏林影展金熊獎的第一部動畫作品，更在二〇〇三年得到奧斯卡最佳動畫獎的肯定，果眞是寶刀未老。

以爲是出自宮崎駿的筆下。若是他們知道這般「代誌」，鐵定直呼「不要再叫我宮崎駿啦！」

尤其是高畑勳，他的輩份不輸宮崎駿，是宮崎駿多年來亦師亦友的好夥伴，甚至可以說是一路走來相互扶持的重要戰友。然而，出自高畑勳手下的《螢火蟲之墓》、《歡喜碰碰狸》、《回憶點點滴滴》，卻老是被人記成是宮崎駿的作品。

高畑勳和宮崎駿一樣，都是出身東映動畫「世界名著劇場」班底（那系列的卡通也就是咱們小時候看的《小天使》、《小英的故事》等），多年磨鍊，造就兩人紮實的動畫功力。

他們的動漫作品動作流暢、畫風細膩、色彩飽滿，並充滿了人文關懷的精神。但仔細來看，兩人還是略有不同，宮崎駿的作品魔幻、富童話色彩，寓意深藏在劇情及畫面之中，哲學意味濃厚。而高畑勳則偏向社會寫實派，觀點入世而細膩。以被喻爲日本動漫史上最催淚的作品《螢火蟲之墓》來看，高畑勳就藉著在戰火中流離失所的兩兄妹爲劇情主軸，帶出戰爭無情、荒謬的種種。

另外，老是被張冠李戴的還有望月智充、近藤喜文。望月智充曾將漫畫《鬼靈精怪》成功地搬上電視，而《海潮之聲》這部動漫，不論是導演、編劇等工作，他更是一手包辦，傾全力處理這部十分日劇的題材，充份探討愛、青春、回憶，畫風十分清新。

曾經擔任《螢火蟲之墓》、《魔女宅急便》、《回憶點點滴滴》等片繪圖導演的近藤喜文，首度挑大樑，便是擔任《心之谷》導演，這部動畫同樣著墨於青春期少男、少女的情感，寫實中帶點魔幻意味，風格獨特。

宮崎駿小檔案

動漫史上，號稱可與迪士尼對抗的東方大師，就是宮崎駿。

一九四一年一月五日出身的他，童年可以說是在日本二次世界大戰的戰後混亂、貧困期中度過。因此，反戰主張無形中成爲他的思想主軸，這點在他的動畫作品中表露無遺。

由於家教嚴謹，因此宮崎駿一路走的都是傳統的升學路線，雖然高中深深被日本第一部彩色動畫電影《白蛇傳》所吸引，並決心邁向動畫之路，但他選擇大學時，還是聽從家人意見，進入東京學習院大學，主修政治經濟。

不過，迷戀動畫的他，在學校時，主修雖是政治經濟，但其實，絕大多數時間都花在兒童文學研究社。他廣讀日本、海外各式童話、故事等，而這些也成爲他後來創作劇本時的重要養分。

一九六三年，大學畢業的他再度面臨人生抉擇。不過，這回他選擇投向理想，進入東映動畫工作。雖然薪資微薄，但也奠定他了深厚的動畫功力，以致後來即使離開東映，也能嶄露頭角，成爲無可取代的日本動漫天王。

▶《回憶點點滴滴》錄影帶

龍貓家族總動員

龍貓，有三種，一是小龍貓，一是中龍貓，一是大龍貓。

千萬別罵我廢話，龍貓眞的有三種。小時候看《龍貓》，實在搞不清楚，電影裡除了墨綠色的飛天大龍貓，確定是龍貓外，另外二隻小不隆咚、跑來跑去，眼睛還賊溜溜的小玩意兒，到底是什麼？長大後才搞清楚，原來，他們也是龍貓。

根據文獻資料，白色的小龍貓，身高大約是一隻兔子高，年紀一百歲。而常常「款包袱」跑來跑去的藍色中龍貓，年紀有六百歲，身高跟狐狸差不多。大龍貓，身高兩公尺，高齡六百歲，特技是愛打盹、會飛天、呼喚龍貓公車，橡樹籽是他的最愛。

傳說中的龍貓居住在森林深處，只有心地善良的小孩才會瞧見他們！他們都是森林的守護神，不但能讓土地冒出綠芽，還能讓小苗長成大樹，十分奇幻。

▶ 為了籌募更多拯救森林的基金，宮崎駿特別授權龍貓基金會，生產一系列外頭買不到的龍貓限定商品。

相關商品 Travel Gift

龍貓四季玻璃杯組

這套龍貓玻璃杯，是早年我還是窮學生時的「血拚力作」。記得那時其實已經窮得存款只能用三根指頭數，但經過西門町精品店看到這套玻璃杯時，簡直可以用「一見鍾情」來形容，我立刻被愛沖昏頭，哪還管得了「麵包」。

結果是，我擁有了這套晶瑩剔透、溫馨可愛的玻璃杯，以及一個禮拜靠土司過活的慘淡日子。

小梅娃娃

我很愛小梅，覺得她率性、眞摯又可愛。看見她，我的心情就會晴朗地像地中海一般藍，溫柔地像拉不拉多的毛一樣順。所以，我又從西門町精品店裡帶走小梅。這回的代價，是一個月都不能看電影，也不能租漫畫，眞的是有點要命。但爲換來平靜好心情，眼前的痛苦也只得忍耐。

夏日圓傘

每次看漫畫，不論是少男還是少女漫畫，裡頭一提到夏日祭典時，總有可愛到不行的女孩穿著浴衣、木屐，還一邊搖著圓扇，感覺眞是甜美得可人。

我買不起浴衣，找不到木屐，但卻買到了一把夢幻到可以抵這一切的涼扇。這把扇子正面是小梅與中龍貓正在瞧著河中的蝌蚪，背面則是大龍貓與小龍貓跳舞、耍寶的畫面。畫工精緻，加上竹子的自然材質，眞是「未搧先涼」。

龍貓小盆栽

龍貓曾經送小月、小梅一個小禮物，以報答她們借傘之恩。那個禮物很有趣，是將龍貓最愛的橡樹籽，用層層竹葉裹著，再以龍貓鬚綑綁成一個很像「粽子」的東西。

很驚喜地發現，這個小禮物出現在吉卜力美術館的紀念品區，裡頭雖不是橡樹籽，但眞的是植物種子，可以讓你種在可愛小盆裡，一天天等著它發芽。隨盒還附贈一隻龍貓，與你一同守護盆栽！

森林龍貓明信片

超愛明信片、狂買明信片，我在許多朋友的眼中，是個不折不扣的明信片迷。一張獨特的明信片，就可以讓我「志氣」全失，拼命懇求。朋友笑說，我是他們見過想要明信片要到無所不用其極的傢伙。

我有著滿滿一箱的明信片，自然也看過無數明信片，就設計上來說，這組明信片並不是最搶眼的，論材質來看，這組明信片也不是最獨特的；但如果在我那滿滿一箱的明信片收藏中，要挑出最溫馨的一組，它絕對是第一名。能擁有它們，我很幸福。

龍貓手機吊飾

擁有朋友的好處是，常會有出其不意的驚喜；迷戀某物的好處是，別人要送禮時很方便。我既有眾多好友，對龍貓的迷戀又是眾所皆知，因此，就很幸福地擁有不少朋友相送的可愛小禮。

這個朋友送來的溫馨小禮，不但顏色很溫暖，最重要的是十分精緻，小龍貓、中龍貓呆呆的表情活靈活現，一旁還有瓢蟲及玉蜀黍，眞是純正自然風小物啊！

吉卜力電影底片書籤

早說過，這年頭會買書籤的人已快絕種，但看到這套以電影底片製成的書籤，我身旁原本快絕種的人，紛紛又「活」過來。這套書籤眞的是頗受好評，不少朋友還因爲這套書籤，決定造訪吉卜力。

他們突然著迷的原因，我不是很了解，但我知道，當深夜翻書時，瞧見這一格格底片，有關這一切的旅行記憶，便開始一格格放映……我迷戀這種感覺，所以我愛它，電影底片書籤。

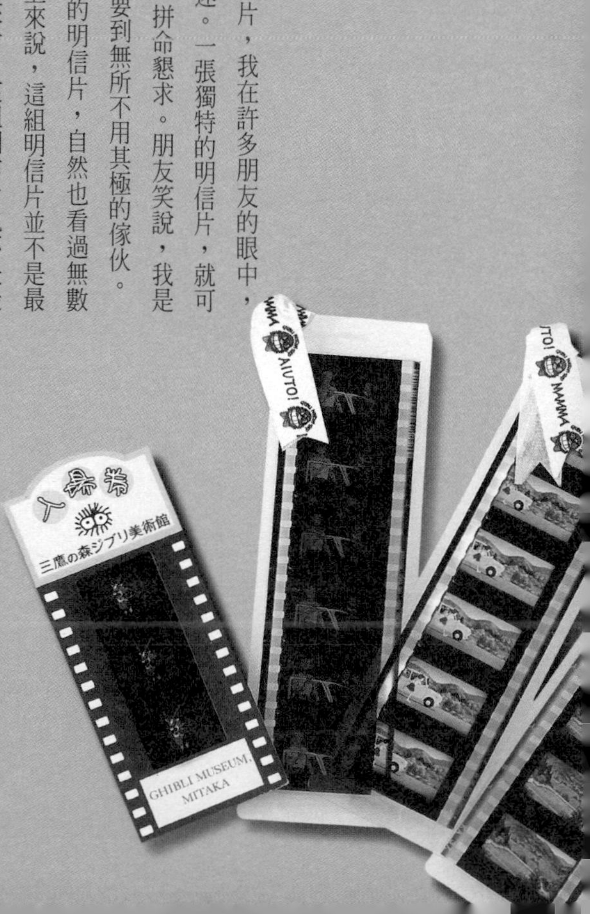

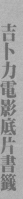

Chibli Museum

東京都三鷹市下連雀1-1-83

BY AIR MAIL
PAR AVION

▶ 夕陽西下，未見任何人聲，我開始懷疑我是不是像千尋，踏進了一個不該觸碰的世界。

最愛搞失蹤的女孩

No. 6 神隱少女

漫畫介紹

Travel guide

有了千尋，誰還敢說女生不勇敢？

這個世界存在著各種刻板印象，例如黑人打籃球一向很厲害、南部人一定是台客、客家人一定很小氣、主播一定很有氣質……這些刻板印象，有些的確經過比較科學的統計，有些就眞的只是「印象」罷了，並不一定正確，例如，男生一定比女生有勇氣？

一般人似乎都認爲，女生比較柔弱，男生比較勇敢，而小時候讀的兒童讀物、看的卡通影片，凡冒險類故事的主角，不管是《湯姆歷險記》裡的湯姆和哈克，《金銀島》裡的吉姆，《天方夜譚》裡的小胖，清一色幾乎都是男生，難道只有男生愛冒險？

哼！我才不這樣以爲，不信，你看那些勇於嘗試自助旅行的，不都是女生？像豬頭標這樣的堂堂七尺以上的男子漢，卻爲了要一個人要到日本出差而忐忑不安，但身高「號稱」一五八的我，卻敢單槍匹馬勇闖紐約，更別說我的女同事還曾經爲了採訪，勇闖危險的亞馬遜河了。

還好，愛麗絲幫我們吐了一口氣。因此，很多學者認爲，《愛麗絲夢遊仙境》是女權運動的一部重要作品。不過，愛麗絲畢竟是個洋人，或許很多人還是會以爲只有西方女人才會這麼勇敢，而東方女子都是林黛玉？還好，我們有了少女千尋。

千尋的勇敢和決心，透過自我追尋的過程讓世界人看得一清二楚。她可以對抗一切，解救愛人。是的，她在故事中還是像一般女生一樣愛哭，總共掉了四次眼淚，但每流一次眼淚，她都讓自己成長一次，可以強悍可以溫柔，這就是千尋。

如果你是女權主義者，除了信仰西蒙波娃，千尋也是一個不錯的選擇。

景點呈現

Travel Map

零的彼端，靈感的啓發

對於創作者來說，所謂的「靈感」是再微妙不過的事。有時絞盡腦汁，但靈感卻消失無蹤，怎樣也不肯來找你；但有時，靈感就這麼「叮」的一下，撞擊在你的腦袋裡，一切水到渠成。

靈感怎麼來？當然，運氣很重要，但外在環境的刺激也很重要，例如要不是一顆蘋果打到牛頓頭上，這世界恐怕就不會有「萬有引力」定律；要不是那幾隻惱人的黃蜂在林姆斯基的耳邊徘徊不去，我們哪聽得到《大黃蜂進行曲》？而要不是宮崎駿的工作室就在小金井附近，他沒事就到古意盎然的東京江戶建築公園逛，逛了大概將近一百多回，我們可能也看不到《神隱少女》。

▶ 覺得這部老電車很眼熟嗎？宮崎駿因為看到它，才創作出《神隱少女》裡千尋搭電車跨海冒險的情節。

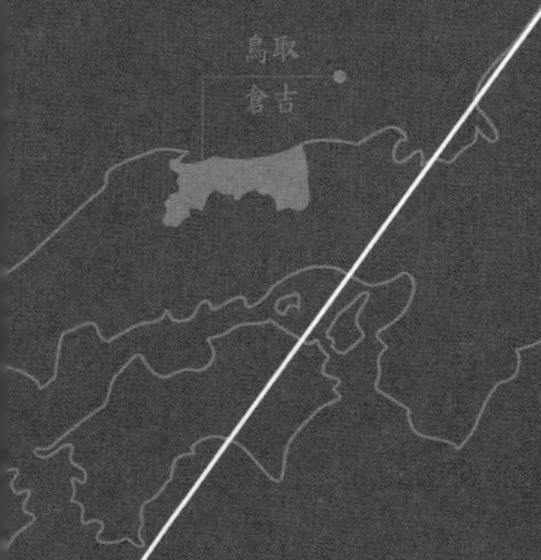

不過，說實話，哪怕是被一百顆蘋果砸在腦袋上，我都不會發現什麼萬有引力；而一看到黃蜂來了，逃命都來不及了，哪還有可能去想什麼旋律和音符？

所以，我決定到小金井的東京江戶建築公園去瞧瞧，看看如果我在那裡給他逛個一百回，會有什麼樣的靈感來找我？

▶ 路的盡頭就是子寶湯，也就是《神隱少女》中神仙湯屋的靈感由來。

景點遊記 Travel Ticket

江戶東京建築公園，解救我「哈日症候群」的靈丹

南京，畢竟離我太遠了，因此，從小學開始，我就是個百分之百的「哈日族」。

哈日本能夠哈到將近二十年之久，除了證明我不是一個喜新厭舊的人，也證明日本確實有蠻滿多的東西足以讓人著迷。說來有趣，我的哈日情結也是進化論的一環，在少不更事的時代，Made in Japan的商品，包括衣服、雜貨、玩偶，總是能夠以各種堅強的理由魅惑著我的理智，在那個時候，我的哈日情結，真的很「物質」。

中國的思想家管子說：「衣食足而知榮辱。」而西方社會學大師馬斯洛也曾說過，當人類的物質得到滿足之後，就會開始追求精神上的更高層次。對照我的哈日經驗，似乎真的有這麼一點道理，當日本來的商品堆滿家中之後，漸漸的，買到一樣與日本同步上市的無印良品生活雜貨，已滿足不了我，倒是在日本的地鐵裡聞吮著那種塑膠的味道，或是在京都呼吸那股似乎從兩百年前的祇園流出的空氣，反而更能讓我興奮。

這叫做文化侵略吧。我愈來愈無法抗拒日本文化帶給我的衝擊，別說我不愛台灣，一旦日本鬼子入侵台灣，我絕對拚死捍衛家園。但我必須承認，我居住的這個島上那種帶有副熱愛帶南島的文化氣質，總是讓我感到異常浮躁，而在北邊那個島上屬於溫帶的文化氛圍，卻總是能夠讓我十分平靜。

該怎麼形容這種感覺呢？就像在七月高溫三十八度C人聲鼎沸的台北SOGO門口，只要一頭栽進村上春樹的世界，我就可以得到瞬間的五度C冰涼一樣。

▶ 子寶湯雖然沒有片中場景那麼華麗，但卻是貨真價實的古董建築。

想要體驗這種日本文化撞擊的滋味，我可以讀村上春樹的文字，或是漂流於每一個擁有同樣味道的日本城鎮，當然，還包括看《神隱少女》這部電影。每看一次《神隱少女》，我都可以再次得到那種全身清涼的感覺，輕易滿足體內的每條哈日神經。

所以說，現階段我的哈日症候群，已擺脫時下台灣年輕人普遍感染「哈日拜物式病毒」的境界，畢竟那只屬於是一種「濾過性病毒」，隨著年紀的增長，症狀就會慢慢消退。目前的我，顯然已經遭到「哈日文化式病毒」的侵襲，麻煩的是，這種病毒就像癌細胞一樣，不但迅速攻佔全身，而且還無藥可救。

就因爲病入膏肓，所以我三不五時就必須把自己放置在類日本的情境，無力地接受一次又一次的文化侵略。有沒有治癒的方法？我想，如果能有一部時光機，把我送到兩百年前的日本，京都也好，江戶也好，讓我一次吸吮過癮最原汁原味的日本文化，那我可能就會感到滿足了。

時光機不可求，但慶幸的是，我至少找到了一個替代的方案，勉強可以控制住病情的惡化，那就是位於東京的「江戶東京建築公園」。

▶ 江戶東京建築公園的吉祥物，是隻很像毛毛蟲的玩意兒，是宮崎駿特別為園方繪製的。

▶ 江戶東京建築公園裡的每一棟建築都大有來頭，記得先買本導覽手冊，再展開你的日本古建築之旅吧！

「江戶東京建築公園」玩的是「情境再造」的工程，它把許多日本明治、大正時代的舊建築，原封不動的搬到同一個地方來。請注意，是「原封不動」，而非「模擬再造」，漫步園區，你望眼所見，全是眞眞實實，歷經歲月考驗而留存至今的古建築。

有趣的是，「江戶東京建築公園」除了對於控制我的「病情」有幫助之外，它更促成了一部經典電影的誕生。據報導，宮崎駿的工作室就在「江戶東京建築公園」附近，有次他到這裡散步，看到了江戶時代的大浴場「子寶湯」，瞬間就有了什麼東西在他的腦海裡撞擊了一下。於是，「子寶湯」變成了「湯屋」，我們才有了後來的《神隱少女》。

不管是《神隱少女》還是「江戶東京建築公園」，都是解救我哈日病症的靈丹妙藥。因此，我是懷著非常崇敬的心情來到這座大名鼎鼎的「子寶湯」前的。它比我想像中來得小，也來得簡單，不像電影裡的湯屋那般巨大而且富麗堂皇，顯然宮崎駿在從子寶湯到湯屋的過程中，也是運用了想像力，經歷不少加工的過程。

在子寶湯之前，有一條長長的石板路，其他觀光客都忙著拍照留念，我卻什麼都不做，就是呆呆的站在子寶湯五十公尺前的石板路上，望著子寶湯，開始進行我的「療程」，想像兩百年前的江戶，我面前的條石板路，是什麼樣的光景……

走進子寶湯，滿地的白色磁磚，流露出一種古色古香的韻味，牆壁上還畫著富士山。當年人們一邊泡著澡一邊看著富士山美景，是何等享受啊！男湯和女湯之間，只隔著一道矮牆，怎麼這麼低？會不會有色狼偷看女生洗澡啊？

一洗完澡就量體重，數字會少一點嗎？

湯屋裡頭分為男湯、女湯，橫跨男湯、女湯的是富士山壁畫。

走進女湯，我坐在澡堂裡感受白磁磚沁出的冰涼，如果兩百年前我像這樣坐在這裡，身邊應該還有許多其他女子吧，雖然熱氣瀰漫了整間澡堂，但我仍隱約地可以看到其他女子正溫柔地搓洗著她們雪白的身軀……想著想著，我竟然臉紅了。看來，我眞的有病吧。

除了和《神隱少女》有關的子寶湯之外，在「江戶東京建築公園裡」還有許多各種型式的明治、大正時期的知名古建築，在每棟建築物之前，都有詳細的介紹標示，讓觀光客宛如上了一堂日本歷史兼建築課。唯一沒有標示的，是一棟隱藏於日本庭園中的老房子。請原諒我對日本的傳統建築沒有太多的研究，從外觀看，我實在不知道它究竟屬於一般住宅？官邸？還是商家？

走進這家來歷不明的建築物，映入我眼簾的是一扇長長的和式拉門，深褐色的木板上鋪著散發出古樸氣味的榻榻米。在幾張矮桌子上，幾位歐巴桑正安靜地吃著蕎麥涼麵。這是一家餐廳吧，我想。

選了一張靠近庭園的桌子坐下，桌上有菜單，但沒有人理我。奇怪，日本餐廳不是一向最重視服務的嗎？但自從走進這棟建築物之後，沒聽到「依啦夏依瑪些」，也沒有人招呼我，連杯茶都看不到。正當我陷入滿腹狐疑，還以爲自己眞的穿越了時光隧道，來到了江戶時代……隔壁的歐巴桑貼心地指了指桌上的電話，把我拉回現實。

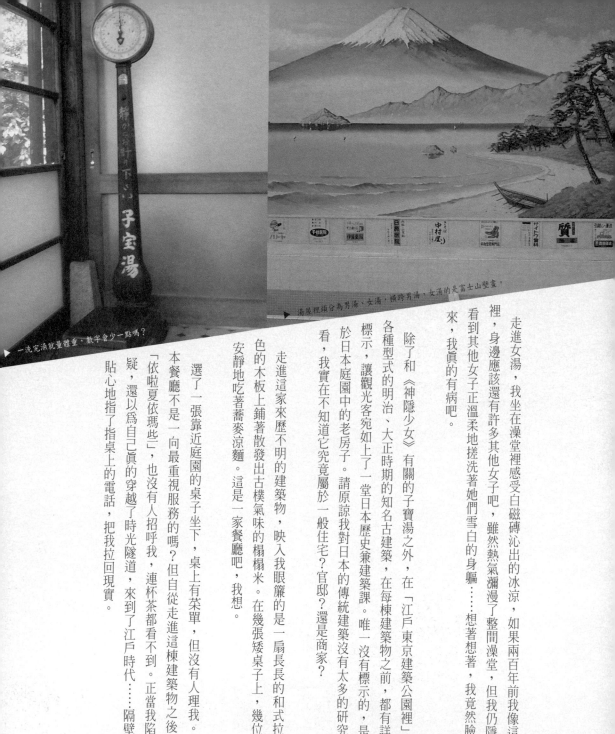

▶男孩害羞地坐在門前，小小年紀也知女湯可是男生禁地哩。

▶充滿日本庶民精神的居酒屋「鍵屋」，在宮崎駿眼裡反倒成了萬惡淵藪，千尋父母因貪吃變成豬的場景，就是取材自「鍵屋」。

原來，這是一家「自助式」的餐廳，必須撥電話到廚房點菜，至於廚房在哪裡？我找了十分鐘，在整間屋子裡仔細搜索，還是徒勞無功……第十一分鐘，忍者出現了！

不，我是指一名穿著古代工作服的侍者，像忍者一樣，毫無聲響地瞬間出現。她無視於我的滿臉訝異，微笑地將我點的東西放下，然後轉身離開。我突然想起什麼，趕緊想要跟隨她的腳步，但一轉身，她已消失在那道長廊了……

這裡應該有道暗門吧，朋友說，但我不管，我寧願把這裡當做一個有忍者埋伏的異色餐廳。當天下午，我坐在這樣一個充滿古典以及神祕氛圍的地方，使用江戶時代的餐具，吃著最傳統的蕎麥麵。面對我的是一座精緻典雅的日式庭園，還有一絲絲的涼風迎面吹拂……

七月的午後沒有冷氣，但我已經從頭到尾徹底清涼了。

情報站1

江戶東京建築公園

地　址：小金井市櫻町3-7-1

電　話：042-388-3300

營業時間：四到九月是九：三〇到一七：三〇；十到三月爲九：三〇到一六：三〇

門　票：成人四百日幣，兒童免費

交　通：可以搭乘JR中央線，在「武藏小金井」站下車，。東京江戶建築公園位於「小金井公園」之內，可以直接從武藏小金井步行二十分鐘到小金井公園，或搭往三鷹方向的公車，在小金井公園站下車。

網　站：www.tatemonoen.jp/

▶ 走在「江戶東京建築公園」裡，隨處可見充滿古意的日本老建築。

旅遊情報

Travel Informatio

迷走白壁，千尋式的冒險

許多人說，旅行，是爲了離開這個地方。但對我於來說，旅行，經常是爲了滿足自己冒險的渴望。

特別是自助旅行，在計劃每次旅行之前，我總是習慣不要把旅程安排得太過完美，這樣才會有在過程中「巧遇」冒險的可能。就因爲這個怪毛病，我曾經因爲半故意地「誤闖」紐約哈林區而差點橫死街頭；也曾經爲了追尋一個夢幻中的海灘，在佛羅里達的鄉間小路上從清晨迷路到黃昏……

有趣的是，冒險的過程中雖然經常感到不安和害怕，但每次回憶起那段旅行，最讓人難忘的，不是到過什麼有名的景點，也不是體會到什麼異國文化，反而是那些意外的冒險經驗。

而旅程中最經典的冒險，我認爲非電影《神隱少女》裡千尋的那段遭遇莫屬了。每次看《神隱少女》，我總是想，如果我也像千尋一樣，誤闖了這樣一個神隱般的國度，究竟我會因爲對環境的陌生而感到害怕？還是會因爲進入了這樣一個神奇的地方而感到興奮？

「白壁土藏」的建築，傳統而具含蓄美感。◀

最後我的結論是，害怕是一定會有的，但我應該還是會覺得興奮吧，還是會渴望擁有這樣一段奇特的經驗吧，只要我的爸媽不要變成豬就好了。

後來，我還眞的遇到了一段這種「千尋式」的冒險，有趣的是，那還是在我到鳥取追尋柯南故鄉時，所發生的事情。

柯南的故鄉在鳥取的大栄町，但這個地方實在太偏僻了，所以我只好下榻在附近的倉吉，那天從大栄町回到旅館已經傍晚了，同行的友人不堪疲累，賴在旅館不肯出門。雖然我的體力也沒有多好，但我堅持每到一個新的地方，一定要儘可能的「到處看看」。想休息？回台灣再卯起來睡就好啦！

所以，朋友在旅館睡覺，我單槍匹馬地出去探索倉吉這個小鎮，嗯，發現沒，開始有點像《神隱少女》的劇情了。事實上，我對倉吉一點都不了解，只在火車站拿到了一份旅遊導覽，其中，最吸引我的就是一個叫「白壁土藏」的景點。

從導覽上的照片來看，那是在一區沿著河道旁而建的日式建築群，奇怪的是，它的牆壁全是白色的，那種白有點像是在愛琴海所看到的那種不帶點雜質的白，白得令人心悸。不過，它的屋頂並不是藍色的，而是日本傳統的紅瓦。白壁加上紅瓦，美麗的程度不遜於愛琴海的白壁加上藍屋頂，況且它散發出非常濃厚的日本風情……於是，我知道我躲不掉這段冒險了。

和「觀光案內」裡的歐吉桑比手畫腳「聊」過後，我評估這段冒險處於「有點險又不會太險」的狀態，至少它是公車到得了的地方。問題是當時已接近黃昏，即使日本治安再好，像我這樣一個單身女子在太陽下山之後，

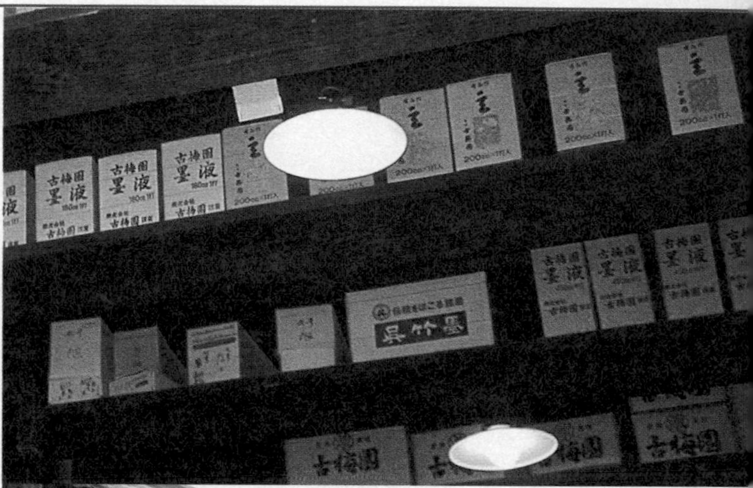

▶ 穿梭巷弄之中，我突然有種時光倒錯的迷幻感。

獨自在異地流浪，誰也不敢保證會發生什麼事。特別是歐吉桑好心的告訴我，「白壁土藏」的商家只營業到晚上五點，現在去太晚，可能已看不到什麼東西了。

不過，當冒險的渴望在體內升起，什麼都阻擋不了我。當我搭公車到達「白壁土藏」時，已經是傍晚六點了，果然，我幾乎看不到什麼人。在這樣一個極端陌生的地方，人煙又是如此稀少，陽光漸漸消翳的同時，慢慢被絳紅色晚霞包圍的街道，就像即將進入一個異世界似的……

當我穿梭於巷弄中，終於找到隱身於暮色中的一間間白壁時，「美」是感官第一個接收到的訊息，不過，那是一種帶點危險、帶點神祕，又帶點不安的美。

說來可惜，店家真的都已經打烊，讓我無法逛一逛白壁土藏裡的每家個性商店。不過，我並不是一個發現遊樂園關門就乖乖回家的小孩，我仍執著流連於這裡的巷道，享受著發現每棟白壁建物所帶來的美感衝擊，以及感染著不知在轉角處將發現什麼的危險氣息……在那個傍晚，我終於擁有了類似千尋的奇異冒險。

我的冒險持續了一個多小時，離開的時候，夜幕已經低垂，赫然發現當地的公車只營運到晚上七點，我只好坐計程車回旅館。日本的計程車一向很貴，但在車上我倒是沒留心跳表機上不斷攀升的數字，因爲我仍沈浸在剛才的冒險裡，還有，我的心思持續被一種不安的情緒所牽絆，我始終在擔心著一件事……

直到回到旅館之後，發現朋友並沒有變成豬，這才鬆了一口氣。

從大阪搭JR到倉吉，大約需要三個小時，而從柯南小鎮「由良」前往只要十分鐘。到了倉吉車站之後，要前往白壁土藏群，必須搭公車，車程約二十分鐘。白壁土藏群算是日本的古蹟，它是江戶以及明治時期的建築，其中有些房子還改成「赤瓦一號館」、「赤瓦二號館」等個性商店，但只營業到傍晚五點。

▶ 時光彷彿在「江戶東京建築公園」停止了。

漫畫八卦 Comic Gossip

宮崎駿的羅麗塔情結

熟悉宮崎駿作品的人，大概都可以從他的故事裡找到幾個既定的模式，例如，故事的發展都帶有魔幻的色彩，而且大量使用飛行的元素……還有一個非常容易發現的「巧合」，從《風之谷》的娜烏西卡，《天空之城》的希達，《龍貓》的小月和小梅、以及《魔女宅急便》的琪琪，再到《神隱少女》的千尋，注意到了沒？主角清一色都是未成年的女孩們。

身為一個女性同胞，我經常為了大部份的童話故事，都以男生為主角感到憤憤不平，但就在逐漸習慣這種不平等現象之時，當看到一部部以女孩子為主角的宮崎駿作品出現，反而覺得有點奇怪，特別宮崎駿自己還是個歐吉桑，怎麼會大量選擇以女孩子做為第一人稱角色呢？

於是，開始有些講話比較俗氣的人就說，「喔，看來宮崎駿對女孩子有特殊癖好喔！」而如果是講話比較有學問的人，可能就會說，「嗯，看來宮崎駿有點『羅麗塔情結』。」

就是那個音

記得有回被好友豬頭標騙去看恐怖片，電影才開始不到五分鐘，我已屁股離席五公分，一副隨時準備要「落跑」的模樣。豬頭標看穿了我的企圖，在黑暗中低聲說：「快點把耳朵摀住！沒了聲音，恐怖片就不可怕了。」

我趕緊摀住耳朵，只見長髮遮住半邊臉的貞子，以幾近痙攣的姿勢爬行。沒了音效的鬼片，有點像鬧劇，不但一點都不可怕，還蠻好笑的。

我常想，如果沒有了配樂，在小梅發現龍貓的那一剎那，在希達到達天空之城的那一刻，在魔女琪琪飛上天的那一秒，在眾神狂歡澡堂的時光……我的奇想、我的歡樂、我的感動，會減少幾分？

什麼叫「羅麗塔情結」（Lolita Complex）？這個專有名詞源自於俄國文學家 Vladimir Nabokov，在於一九五五年所寫的暢銷小說《Lolita》，內容是描述一位四十歲的大學教授愛上一個十二歲小女孩的故事。自從此部小說大賣之後，凡是歐吉桑喜歡小女孩這檔事，就被稱爲具有「羅麗塔情結」。如果你嫌這樣念起來太文謅謅，可以學日本人，他們是這麼說的，「羅麗控」。

宮崎駿這樣大量使用未成年的女孩做爲故事主角，很難不讓人懷疑他是否也有「羅麗控」。雖然面對外界的好奇，宮騎駿自己曾經辯解，世界上本來就有男有女，因此，用女孩子當主角是很正常的事情。不過，宮崎駿使用的比例未免也太高了吧，就連《紅豬》明明主角是隻雄性動物，但最讓人印象深刻的，卻是劇中和紅豬一起開飛機的那個剛強又勇敢的陽光女孩，當場把主角的戲都給搶光了。

所以說，就某部份而言，宮崎駿絕對有「羅麗塔情結」。不過，他會這麼喜歡女孩子，其實是一種時代的反映，宮崎駿曾說，現在的男性確實背負了許多包袱，落入「男人眞命苦」的困境，年輕女孩活得反而比男性更具朝氣與理想，這恐怕才是他選擇這麼多女孩做爲主角的原因吧。

所以，感謝久石讓，他的電影配樂，讓感動一百分的宮崎駿動畫，再添一百分，直接破表。

關於久石讓，我不知道這樣的形容算不算貼切，就像聽周杰倫的曲，一定要配上方文山的詞；讀村上春樹的小說，一定要經過賴明珠的翻譯；而如果少了久石讓的音樂，宮崎駿還能是宮崎駿嗎？

爲什麼非要久石讓不可？宮崎駿是這麼說的：「我總是告訴他，我知道你了解我要什麼。」就是因爲這難以言喻的默契，讓他倆之間的合作，從一九八四年《風之谷》、一九八六年《天空之城》、一九八八年《龍貓》、一九八九年《魔女宅急便》、一九九二年《紅豬》、一九九七年《魔法公主》、二〇〇一年《神隱少女》，到二〇〇四年《移動的魔法城堡》，個個是經典。

久石讓有多重要？下回看宮崎駿的電影，把耳朵摀起來，你就知道了！

被譽爲「日本配樂天王」的久石讓，一九五〇年出身於日本長野，四歲開始學習小提琴、鋼琴等古典音樂，至一九六九年，進入國立音樂大學作曲科。不論是樂理、作曲、演奏，樣樣精通，還曾以鋼琴獨奏家的身份，出席音樂演奏會，不論是獨奏、協奏等演奏方式，都十分擅長，可以說是電影配樂界難得一見的學院實力派音樂家。

▶《魔女宅急便》中的小魔女琪琪，不僅歐吉桑愛，連小朋友都很喜歡，是宮崎駿動畫作品中的人氣「羅麗塔」。

相關商品 Travel Gift

《神隱少女》撲克牌

宮崎駿超愛玩撲克牌嗎？還是喜歡看他電影的粉絲們，都是撲克一族呢？我不知道答案究竟爲何，唯一清楚的是，他過往至今，一系列的動畫作品，每當一推出時，都會有副撲克牌跟著上市，《龍貓》如此，《天空之城》如此，《神隱少女》亦是如此。

逢賭必輸的我，自是對這類幫著對手「A」我錢的商品沒啥好感，不過，好友硬是送了我一副。嗯？還是神隱少女的喔！這代表著天將助我，從此翻身，大贏一把？還是要我想開點，就當做輸到對方口袋裡的錢，只是跟千尋一樣，「神隱」掉了？看來，這得賭上一把，才知結果爲何了！

《神隱少女》電影上映台灣記者會紀念錶

想愛，愛不到，最令人心傷；想買，買不到，最令人懊惱。萬一又愛又想買，偏偏愛不到、也買不到，這般滋味，可非心傷加懊惱足以形容。

這款針對《神隱少女》在台上映、只送不賣的記者會紀念品，便是許多「宮迷」心中，那既令人心傷又讓人懊惱、超難「入荷」的夢幻逸品，也是第一次讓我崇拜起我的記者證！

江戶東京建築公園導覽手冊

我有個不知是好還是壞的習慣，就是每遊一地，必會買下該處的遊覽手冊，期盼回到現實軌道後的日子，偶爾翻翻，還是能回味一下。

雖然也有不少充其量只是將照片、文章「丟」上去的導覽手冊，讓人「想念不如不念」。但其中也有不少津津有味的驚喜作品，「江戶東京建築公園」的導覽手冊就是最佳例子，不但價格很「中肯」，內容也很有「誠意」，連文帶畫，一頁頁將園裡的古老建築身世點滴，清清楚楚地交待一番，是知識與情趣兼具的優質導覽手冊。

《神隱少女》二〇〇二年同人誌海報

一直對cosplay眾家兄弟姐妹們，感到佩服不已，除了讚嘆他們勇於巧扮各色動漫人物，大搖大擺「橫行街頭」的勇氣外，對於他們維妙維肖的模仿功力，更是佩服到五體投地。

我無緣參加任何一場cosplay同人誌聚會，只得跨海買張海報過過乾癮，讓想像力隨著海報飛到日本「江戶東京建築公園」，一塊兒享受眾神齊樂的狂歡滋味。

江户東京建築公園

小金井市櫻町3-7-1

BY AIR MAIL
PAR AVION

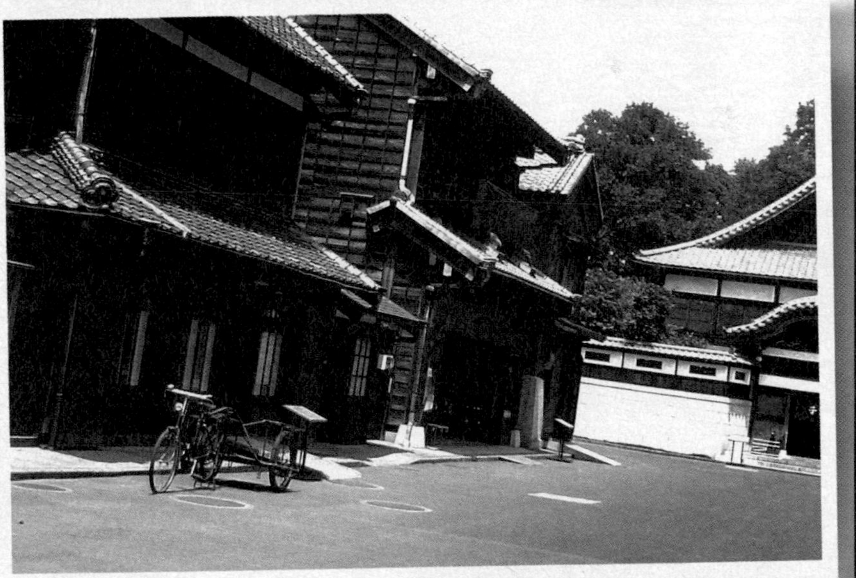

▶ 卡通裡的麵包超人，就是從這裡烤出來的。

No. 7 做臉做不停的英雄 麵包超人

漫畫介紹 Travel guide

肚子餓時，不要看麵包超人

雖然說「只要我不喜歡，有什麼不可以」這句話，有其道理，但人活在這個世界上，都是在一定的軌道上運行，必須要學會什麼時候該做什麼事，什麼時候不該做什麼事；舉例來說，喝酒時不要開車、月圓時不要吃粽子、傷心時不要跳舞、倒楣時不要買彩券……

同樣的，喜歡看什麼電影、讀什麼書、聽什麼音樂，都是每個人的自由，但在選擇上最好要合情合理，整個人才不會錯亂；例如二二八時不要看《八百壯士》、頭痛時不要讀羅蘭巴特、想自殺時不要聽Radiohead……以及，肚子餓時千萬千萬不要看麵包超人。

爲什麼？這還用問嗎？在這部卡通裡出現的角色，不是紅豆麵包，就是吐司麵包、炸蝦飯、飯

糰、螺旋麵包這些讓人垂涎三尺的美食……看了包準讓你的唾液分泌到幾乎溢出來，而肚子的咕嚕咕嚕叫聲直達一百分貝。

因此，肚子餓時看麵包超人是種非常危險的行爲——你有可能會餓到瘋掉，不然就是直接把電視吃掉。

景點呈現 Travel Map

貼近麵包超人，臉變圓是必要之惡

說實話，未踏進麵包超人的地盤前，我對於麵包超人並沒有太多的喜愛，總覺得這傢伙一天到晚把頭給人「吃」的行爲舉止，實在太過詭異！再加上，嘴饞如我，天天都在和身上以迅雷不及掩耳速度滋長的肥肉對抗，怎麼能讓一部「食物」到處跑的卡通，再來誘惑我呢？！

因此，出發前，我是個和麵包超人徹底「絕緣」的人！不過，這樣的堅持，在踏進麵包超人的勢力範圍高知縣之後，就開始動搖。當可愛的麵包超人列車出現眼前時——「唉呀！」我馬上破功，舉雙手投降。

至今我還不知道自己究竟中了麵包超人的哪一招？一看到他那紅咚咚、圓滾滾的臉就迷戀不已，不但一路追到土佐山田，還從四國再尋回東京，就連朋友說：「ㄟ，妳最近好像臉圓了點。」我都馬上接道：「就像麵包超人一樣可愛，對不對？」朋友臉上刹時浮現三條斜線……這代表什麼我心知肚明，但能跟麵包超人同一國，更重要！

陰陰的天氣也無法稍減粉紅色「麵包超人列車」的可愛。◀

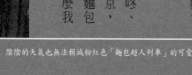

▶ 凡是「麵包超人列車」行駛過的車站，都有可愛的印章可蓋。

景點遊記

Travel Ticket

穿過瀨戶大橋，來到童話的國度

我從來不是一個刻意在火車上拿一本《百年孤寂》來偽裝自己的藝術品味以及文學內涵的人，我最喜歡的閱讀形式就是漫畫、卡通或童話。這三者有沒有關係？我媽媽說的好，「你攏愛看伊款『囝仔書』！」

其實，很多漫畫或是卡通，都帶有非常濃郁的童話色彩，就像《麵包超人》，內容是一個紅豆麵包帶領著其他各種麵包去對抗細茵的故事，怎麼看，童話的味道都很重。

看過好幾百篇各國的童話，我發現在很多的故事中，經常會有一個「通道」來連接眞實世界和童話幻想的世界，例如在《哈利波特》書中，是九又四分之三月台，在《愛麗絲夢遊仙境》裡，則是那個兔子洞。

有趣的是，當我去尋找麵包超人的時候，也是穿過一個非常特殊的通道——瀨戶大橋，才來到這個夢幻的童話國度。

麵包超人的童話國度位於日本四國島的高知縣（就是幕府時代的土佐）。記得學生時代學外國地理時，就曾讀到日本分成北海道、九州、本州、四國四塊大島，前面三個島台灣人都很熟，旅遊時也經常去，但四國就很陌生了，甚至連日本人都稱它爲「被遺忘的島嶼」。

▶ 寶藍色版的「麵包超人列車」，讓人看了元氣十足。

不過，麵包超人的作者柳瀨嵩，並沒有遺忘這個孕育他的島嶼，他選擇在自己的故鄉土佐山田建立童話王國的中心，也就是「麵包超人美術館」。而圍繞著這個中心，在四國，你隨時可以看到呼嘯而過的麵包超人列車、隨處販賣的麵包超人相關商品。即使你原本的生活和麵包超人沒什麼關係，但只要通過瀨戶大橋，就得開始接受麵包超人的「甜蜜轟炸」。

四國和本州之間被瀨戶內海所阻隔，連接其中的就是瀨戶大橋。如果以童話的角度來看，當我在穿越瀨戶大橋時，想必有什麼特殊奇異的感覺吧。然而，那個早上天朗氣清，海面上一片詳和，至於車廂內，我則是被一群可能是參加公司旅遊的歐吉桑所包圍，他們喝著啤酒不停地說著我聽不懂的笑話，每個人看起來都很像志村健。

因此，既喧嘩又熱鬧，這就是我通過瀨戶大橋的情況。很抱歉，好像不夠童話，和哈利波特穿過九又分四之三月台的奇幻，或是愛麗絲跌入兔子洞的驚奇，似乎有著很大的差別。

▶ 這部可愛的公車，就是前往「麵包超人美術館」唯一的交通工具。

不夠童話的原因，可能是這群像志村健的歐吉桑害的，或是因爲我坐在火車裡的緣故。在這段尋找麵包超人的旅程中，我所搭乘的工具不是麵包超人火車就是麵包超人公車，但我發現感受它們魅力的最佳方式，並不是親自坐在火車裡，而且找一個月台或是一條鐵道，從車廂外欣賞火車經過的樣子。

麵包超人列車很有童話的感覺，我不知道他們多久清洗打蠟一次，爲什麼列車總是如此色彩鮮豔？看到寶藍色或是粉紅色列車從翠綠的田野中奔馳而過的那種驚奇感，絕不亞於看到魔女琪琪騎著掃把從天空飛過。一種童話式的甜蜜滋味盈滿心頭，我終於開始有了不輸哈利波特及愛麗絲的奇幻感覺了。

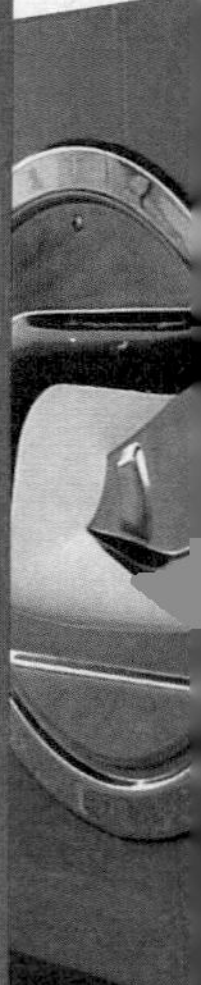

童話列車通往的大本營，當然就是麵包超人美術館。這個大本營位於一個山腳邊熱鬧平凡的小鎮，唯一能夠破壞它的安寧的，就是來自日本各地小孩子的歡笑聲。

我到的那天剛好是星期日，許多父母帶著小孩一起來玩，美術館四周洋溢著和樂融融的氣氛。小孩子當然是喜歡這個地方的，因爲館內有麵包超人故事裡幾個主角的可愛大玩偶，讓人拍照拍到手軟。此外，還有各種場景重現的設施，走進美術館，感覺就像是走進麵包超人的童話國度裡一樣新鮮有趣。

大人也不用怕無聊，這裡畢竟是美術館，不是遊樂園，因此，我們可以看到日本人用非常慎重的態度，來對待柳瀨嵩的作品——幾幅麵包超人的超大型畫作，就展示在美術館的最高樓層，搭配金黃色的投射燈，以及高雅的古典音樂，現場的氣氛非常藝術。我必須承認，當天我在觀賞麵包超人畫作時，心情竟然和在法國羅浮宮欣賞《蒙娜麗莎的微笑》時一樣的神聖。

連踩在腳下的地磚都有麵包超人的蹤影。

麵包超人美術館的站牌，也有它那圓滾滾的可愛臉龐。

我在土佐和麵包超人親密接觸了兩天，說再見的時候，雨下個不停，天氣陰沉得化不開，心情也不太開朗。我在清晨時啓程，不想負載太多離別的情緒，因此一上車就陷入半夢半醒之間，然而，當火車行過瀨戶大橋時，我不知爲什麼自動就醒了過來。

當時車廂內一片寂靜，透過被雨滴滲滿的車窗，望著迷濛到了極點的瀨戶內海，我感覺到有股奇異的力量不停在逼迫著我，像是在對我說，經由這個通道離開之後，你就應該乖乖的回到現實世界裡，有關童話的一切都已經幻滅了，你必須忘掉曾經在這個島上所發生的一切……

我會遺忘嗎？不，我想不會，只要有麵包超人，島嶼是不會輕易被遺忘的。

▶ 麵包超人永遠為正義而戰。

情報站1

麵包超人位於日本四國島的高知縣，最佳前往方式就是先坐新幹線到岡山，然後再從這裡轉所謂的「麵包超人列車」到土佐山田。並不是所有從岡山到土佐的火車都是麵包超人列車，它一天只有四個班次，分別是八：五〇、一〇：五二、一八：五二、一九：五二。從岡山到土佐山田，大約兩個小時的車程，途中會經過美麗的瀨戶大橋。

情報站2

麵包超人美術館

地　　址：高知縣香美郡香北町美良布 1224-2
電　　話：0887-59-2300
營業時間：一〇：〇〇～一七：〇〇，每周二休館
門　　票：成人七百日幣，兒童三百日幣
交　　通：從土佐山田到麵包超人美術館，必須搭乘麵包超人公車，乘車處就在土佐山田車站旁，從早上六點到晚上七點，大約每四十分鐘一班，車程二十分鐘。
網　　站：www.ikochi.or.jp/hp/anpanmanm/index.html

麵包超人的守護範圍是一家百年商店及圖書館。◀ ▶ 別懷疑，那舊到不行的招牌，就是美良布商店家的入口。

有關麵包超人列車

麵包超人列車貫穿整個四國島，它總共分成四條路線，一般從本州島的岡山，前往土佐山田麵包超人美術館的遊客，都只使用到「土讚線」的「南風號」系列列車。而在列車經過的各個車站，都有放置麵包超人的蓋章處，可以讓玩家一邊搭火車，一邊收集蓋章！

▶ 派細菌人擔任藥局的親善大使，這家藥局不會倒嗎？

老兵不死，只是需要被慰勞

千里迢迢穿過瀨戶內海，來到這個南國的島嶼，如果只是看麵包超人美術館，未免也太可惜了。很多人不知道，就在美術館對面巷子裡的美良布商店街，才是別有洞天之處。

事實上，稱這裡爲「商店街」，怎麼看都有點奇怪。這裡確實有許多家商店啦，構成了「商店街」存在的物理條件，但它卻非常冷清，一般我們認知中「商店街」應該具備的熱鬧、喧嘩等條件，在這裡完全找不到。

但這條商店街卻「埋伏」著麵包超人故事裡各號人物的大型雕像，而且各自有其「勢力範圍」，分別「駐守」在特定的商店前面。舉例來說，麵包超人分配到的是一家雜貨店及圖書館，愛美的小病毒分配的是一家照相館，土司超人則是站在與他十分搭配的咖啡館前，而最妙的是細菌人，分配到的駐守點竟然是家藥局……

據說這條商店街就是麵包超人作者柳瀨嵩生長的地方，我可以體會到他想要振興故鄉的企圖心，因爲每個卡通人物駐守的商店面前，都有專屬的大型印章可以蓋。我想各地的觀光客來到每家商店前，總是不好意思拍個照留個念，然後蓋完章就閃人吧，總是會想買點東西吧！

問題是，在麵包超人的那家雜貨店，我還可以買幾包抹茶糖，但在藥局，我能買些什麼東西呢？更遑論有些商店根本沒有開門，只留下卡通人物孤獨地駐守在大門前。

蓋來蓋去，拍東拍西，我像小蜜蜂般忙碌地「逛」完整條商店街，回頭一看，發現這條長長的街道，竟然從頭到尾，就只有我一個人，和其他卡通人物孤伶伶的身影……這些塑像雖然都是笑容滿面，但在蕭瑟的黃昏裡，怎麼看，它們都像是一個個被遺棄的老兵。而我呢？就像是忙著插科打諢兼耍寶的「勞軍團」成員！

情報站3

美良布商店街位於麵包超人美術館對面，從巴士站牌旁邊的巷道往內走，就可以到達。此條商店街大約只營業到傍晚，欲前往須注意時間。

▶ 蜜瓜超人、果醬爺爺等角色，都在商店街的角落默默守護，記得給它們鼓勵一下

▶ 咖啡配土司吃起來最美味，所以特別安排土司超人站在咖啡店前？！

▶ 愛美的小病毒站在相館前，非常Match。

旅遊情報 Travel Information

坂本龍馬，麵包超人的同鄉

在土佐這個地方待了兩天，原本只想一心一意地貼近麵包超人，但我不禁懺悔，在旅程中我卻一直處於「精神外遇」的狀態，不時分心到另一個男人身上。沒辦法，因爲土佐除了是麵包超人的故鄉，也是我最崇拜的日本歷史人物——坂本龍馬——的故鄉。

坂本龍馬是誰？話說西元一八五三年時，日本和清朝一樣，也遇到了西方列強的入侵，陷入危機之中。當時的中國有李鴻章，而日本，則有坂本龍馬。

和李鴻章一樣，龍馬也主張「師夷之長以制夷」。但比李鴻章更了不起的是，日本當時是個階級分明的社會，出身低賤的龍馬不但有富民強國的偉大志向，更希望把日本變成一個不分士農工商、男女老幼一律平等的社會。因此，這麼說吧，龍馬等於是把李鴻章和國父孫中山的工作，一起攬上身了。

穿越瀨戶大橋的那一刻，讓我想起了龍馬。

正因爲要做雙倍的工作，龍馬特別忙碌，他的招牌造型就是穿著日本傳統的武士服，卻配著洋化的黑皮鞋，不停地到處奔波。有趣的是，我們在土佐這個地方，看到的龍馬相關紀念品，也大都是他東奔西跑的樣子，非常可愛。

在土佐，有許多龍馬的紀念館，包括他出生的屋子、放置相關文件的展覽館等等，以及在桂濱海邊，龍馬以豪氣萬千的姿態望向大海的一尊銅像。當我流連於這些龍馬曾走過的地方，很容易感受到龍馬似乎就在我身邊奔跑，正努力積極地爲著他的理想而奮鬥……

這才發現，瀨戶大橋不單只是條通道，連結了現實世界和童話世界，它更像是條時光隧道，讓我回到了一百多年前的土佐，零距離地感染龍馬的萬丈豪情，更陪著龍馬一起沉浸在他的凌雲壯志之中。

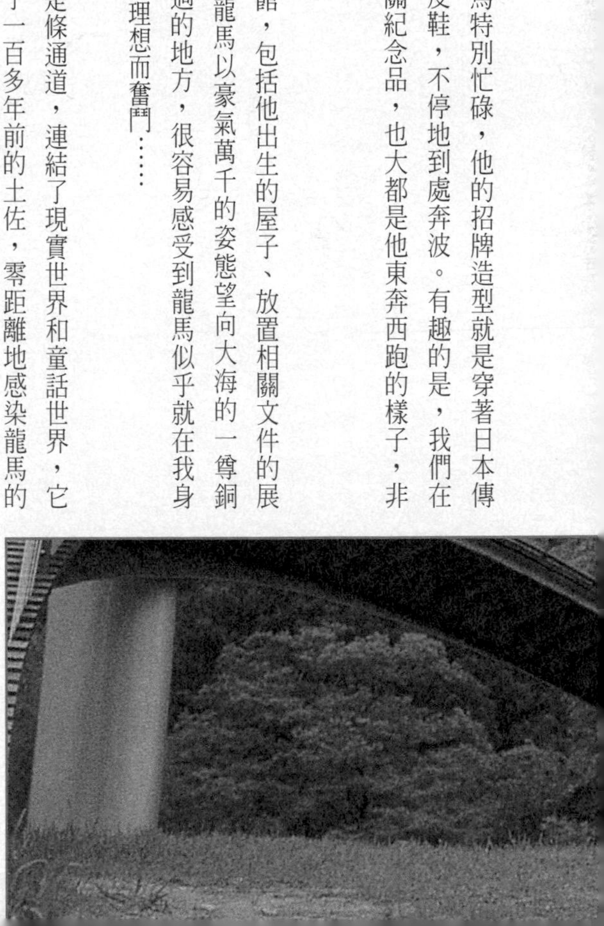

漫畫八卦 Comic Gossip

來啃一口麵包超人

遇到需要幫助的人，就馬上把頭遞過去，讓人咬一口！最大的弱點就是水，一遇水，大英雄變落湯雞，全身虛弱無力，束手就擒……怎麼看，都覺得柳瀨嵩筆下的麵包超人實在太超乎常人認定的卡通正統英雄形象。所以，我決定死巴著會日文的好友豬頭標，幫我解開這個謎。

豬頭標說，麵包超人的原型是來自於一本一九六九年出版的童話故事《十二之珍珠》。不過，此時這個飛來飛去、到處助人的角色，還是個「人」，只是長得又黑又胖，飛起來的姿勢很遜，常常被人取笑。但它有顆善良的心，樂於助人，總是送麵包給肚子餓的小朋友。

豬頭標說，到了一九七三年，柳瀨嵩在創作一本專給幼稚園小孩看的月刊繪本時，擁有圓滾滾麵包頭、穿著紅披風的麵包超人形象，才初次亮相。而且他只要看到肚子餓的孩子，就會蹲在他的面前，拍著自己的頭說：「請你吃！」等小朋友吃飽後，麵包超人就會抱著殘缺的頭，飛回果醬爺爺家，請他再做一個麵包頭……

麵包超人的老爸

在卡通的世界中，麵包超人雖然沒有直接關係的爹，但某個程度來說，果醬爺爺就像是麵包超人的爸爸；因爲只要麵包超人一沒了頭，果醬爺爺總是能以最快的速度重新做出一顆麵包頭，讓麵包超人活力重現。這點一直讓我感到十分神奇。沒想到，麵包超人現實生活中的爹——柳瀨嵩，更神奇。

柳瀨嵩的出生日期是一九一九年，掐指一算，哇！這個創作力旺盛、到處跑來跑去的作者竟然已是八十幾歲的老公公了！

這個在第一次世界大戰結束後不久出生、曾參加第二次世界大戰的麵包老爹，一路走來的經歷，十分傳奇，就如他曾寫的類自傳體《痛快！第二個青春》一樣，眞是精采而痛快。

不提早年喪父，後又失母，簡直如阿信般坎坷的人生故事，柳瀨嵩光是長長一大串的工作經歷，恐怕是一般人工作了兩個輩子，也累積不到的。

一向視卡通爲兒戲，電影不變態絕不踏進電影院的豬頭標，念著念著不禁抬起頭，以一種很「黑色」的笑容說：

「ㄟ……好好玩喔……」

我不確定好不好玩，只是下意識想抱著頭，因爲我好怕豬頭標突然凶性大發，衝過來，猛啃我的頭……。

▶ 這是一九七三年麵包超人首度登場的模樣。

柳瀨嵩曾在大企業田邊製藥、三越的宣傳部工作，也曾是高知地方新聞報編輯，後來立志要當自由創作人時，更是超級「劈腿族」，一腳踩進畫畫領域——畫漫畫、畫繪本、畫插畫等，另一腳則跨入舞台劇世界，創作劇本、作詞作曲、兼下海演出；文學部份，柳瀨嵩也有表現，不但編詩集、寫詩，還出了幾本類散文、類自傳的暢銷書。去年剛過完八十四歲生日的他，更是「大劈特劈」，當起了歌手！

我實在很好奇，這位不甘寂寞的老阿公，接下來還想「劈」些什麼呢？該不會是自己下海演麵包超人吧？！

麵包超人大閱兵

正派軍團

麵包超人，ampanman

正義的化身，帶領麵包世界的眾軍，力抗細菌星球壞人幫。對付壞人的絕招，是威力強大的麵包拳，但最大的弱點是水，因爲他一遇水就會「泡湯」，全身虛弱。另一絕招就是經常將紅豆餡的麵包頭，任由需要幫助的人啃。

▶果醬爺爺

▶吐司麵包超人

▶麵包超人

吐司麵包超人，Shokupanman

住在吐司山，天天都會將剛出爐的吐司分送給需要的人家，個性親切，女人緣特佳，有最英俊的超人之稱（這是小病毒給他的評語）。

果醬爺爺，Jam's Uncle

是「做臉高手」，因爲每當麵包超人沒了「臉」，果醬爺爺便會馬上烘焙出新的頭，讓麵包超人再現力氣。另外，由於個性溫暖、善良，因此麵包世界的居民們，人人都挺他。

起士狗，Cheese dog

有張長長的花生臉，麵包超人是他的恩人，自從被他出手相救後，就成了麵包超人最忠實的朋友。

炸蝦飯超人，Tendonman

是麵包超人的好朋友，生性愛唱歌，還聯合同伴組成了一個三重唱團體。

咖哩麵包咖人，Currypanman

個性熱情活潑，但缺點是易衝動、生氣，獨門武器是吐出一堆熱騰騰的咖哩。

蜜瓜超人，Melonpanna

▲起士狗

▲炸蝦飯超人

▲咖哩麵包超人

▶蜜瓜超人

蜜瓜超人，Melonpanna

蜜瓜超人是果醬爺爺以在夢幻谷採到的愛之花蜜所做成，加上她又愛喝哈蜜瓜汁，因此常常散發甜甜香氣，帶給周遭的人一種甜蜜的幸福滋味。

寶寶超人，Akachanman

寶寶超人是這部卡通裡唯一的人類，看起來雖是沒啥用的嬰兒，但十分勇敢且堅強，曾救過麵包超人。

▶寶寶超人

飯糰超人，Omusubiman

飯糰超人是個硬漢派的浪人劍客，常常以酸梅乾、胡椒鹽等招數出招克敵，武功高強，是麵包超人的好友，也是卡通裡的人氣角色。

▶飯糰超人

亦正亦邪

螺旋麵包超人，Rollpanna

又叫瑞士捲蒙面超人，絕招是螺旋彩帶，武功十分高強。她是哈蜜瓜超人的姐姐，一樣也是果醬爺爺所做，本來是個好人，但製作過程，遭細菌人偷偷加進不好的東西，讓她變成了壞人，只有妹妹出現時，才能喚醒她的良知。

▶螺旋麵包超人

反派陣營

細菌人，Baikinman

來自細菌星球，又名細菌小子。他滿腦子都是如何打擊麵包超人的壞主意，常常帶領細菌星球的壞人們來找森林裡的人們麻煩，但每每關鍵時刻，就會被麵包超人的麵包拳給擊退，夾著尾巴落跑。

小病毒，Dokin-chan

是麵包超人死對頭，細菌人的寶貝妹妹，另外有個名字叫毒菌妹妹，生性驕縱，但有時又很可愛，尤其是遇到她暗戀的吐司麵包超人時，眼睛還會變成愛心，十分嬌俏。雖是反派角色，但有不少死忠fans，是細菌界的人氣天后！

骷髏人，Horman

骷髏人是細菌人一同幹壞事的好夥伴，並偷偷愛慕著小病毒，不過，小病毒不愛他就算了，骷髏人的個性呆呆笨笨，還常常受騙上當，做壞事總是反被捉弄。

▶骷髏人

▶小病毒

▶細菌人

四国巡礼
アンパンマン
限定

麵包超人與細菌人化敵爲友明信片

在卡通中，麵包超人與細菌人是死對頭，不過，作者果然是「老大」，柳瀨嵩爲了讓遊客更加認識他的故鄉之美，不但將美術館蓋在土佐山田，還讓卡通中打得你死我活的麵包超人與細菌人化敵爲友，並變身觀光推廣大使，手牽手暢遊名景！

地方限定版麵包超人鑰匙圈

小時候看漫畫或日劇，不少情節都會出現所謂的「四國苦行僧」，雖然到現在爲止，我還是搞不清楚四國與苦行僧之間的關係，但看到麵包超人脫下超人服，改著僧服，還頭戴斗笠、手持拐杖，感覺眞是有夠妙。而這款限定版鑰匙圈，是「麵包超人美術館」的獨家紀念品喔！

大川上美良布神社だよ。
まで清らかになるね」
おれさま清らかになると
ばいきんまんだから」

麵包超人充氣娃娃

麵包超人的周邊商品，多得不得了，而且大多數商品設計都很巧妙，妙到令人愛不釋手。這隻原本應該是放在嬰兒搖籃裡的充氣娃娃，就是一絕。深呼吸，吹幾口氣，麵包超人的頭就會變大，而麵包超人的招牌服、披風也做得唯妙唯肖。最棒的是還暗藏玄機，頭裡有個鈴鐺，當拎著麵包超人「衝．衝．衝」時，他就會發出叮叮咚咚的清脆聲響，眞是可愛到不行。

アンパンマンミュージアムに入る橋の上
でアンパンマンとばいきんまん
「やあ今日もよい天気、お客さんが
やってくる、ハヒフヘホー」

「這裡就是大川上美良布神社，▶
來到這裡整個人都感覺清爽舒服了起來呢！」
「唉唷，清爽舒服對我而言可真是個困擾啊！
因為我是細菌人咩！」

通往麵包超人博物館的橋上，◀
麵包超人與細菌人：「今天也是好天氣呢！
你看有很多遊客來了呢！啦啦啦～」

麵包超人海棉

不知怎麼搞的，我覺得麵包超人的臉，眞的很具「喜感」，尤其是看到大大一張臉做成的洗澡海棉，就讓我忍不住想笑。能天天笑著洗澡應該是件不賴的事，所以，它很快就進了我的購物袋。

麵包超人紅豆麵包

早在出發前做功課時就知道，土佐山田的麵包店爲了吸引觀光客，特別製作了以麵包超人臉蛋爲外型的紅豆麵包。當時我總是想，「拜託，這麼可愛，怎麼有人忍心吃它呢？」

後來我在土佐山田車站的麵包店裡，果然看到了這種麵包，造型確實非常可愛，讓我忍不住就買了一塊。別誤會了！我才不是想吃它呢，只是要用來拍照留念啦。沒想到在土佐山田晃了一天，肚子早已餓得咕嚕咕嚕叫，偏偏在麵包超人美術館又找不到吃東西的地方，所以，所以……我只好咬了他一口！雖然很對不起麵包超人，但說實話，眞的很好吃喲！

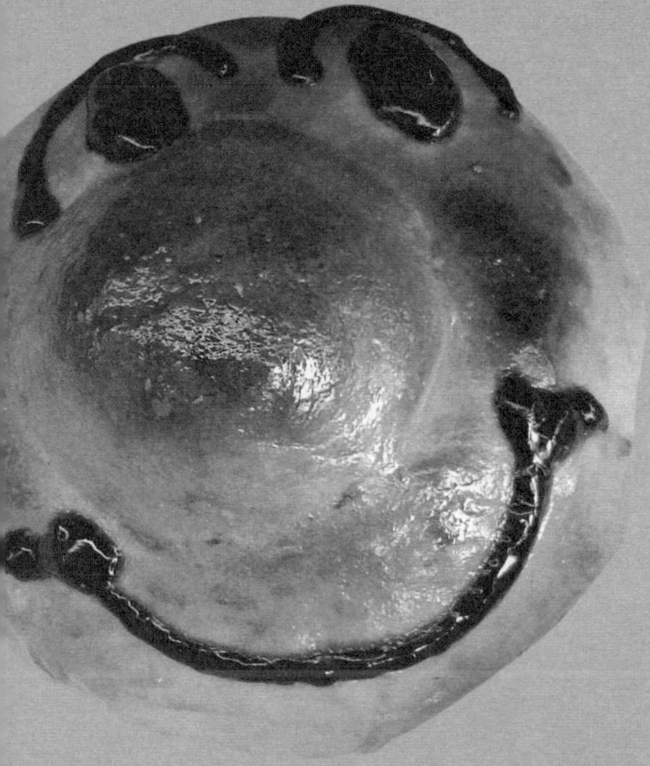

麵包超人美術館

高知県香美郡香北町美良布1224-2

BY AIR MAIL
PAR AVION

▶ 麵包超人裡的人氣角色「埋伏」在美良布商店街的各角落。

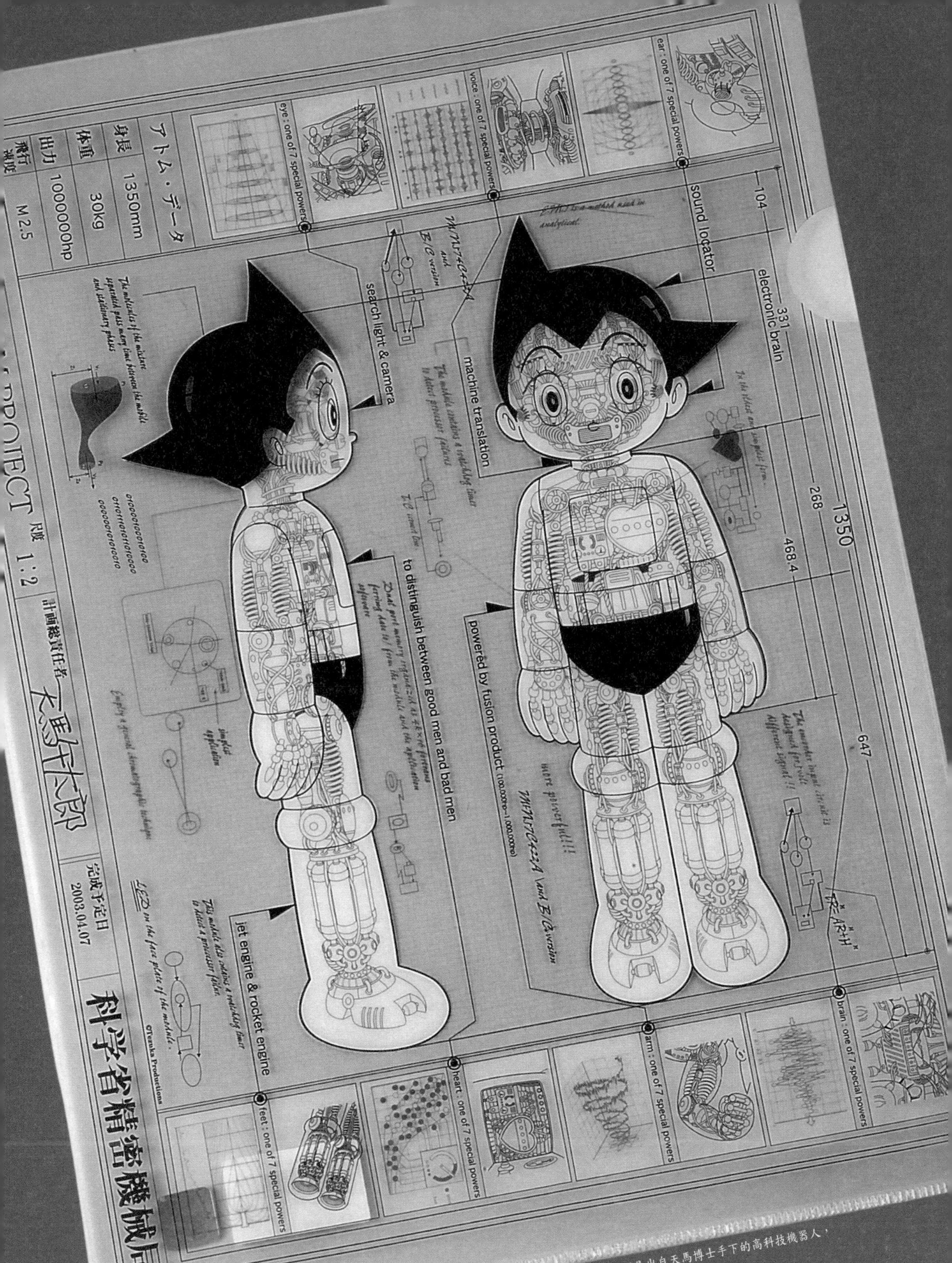

▶ 原子小金剛是出自天馬博士手下的高科技機器人，擁有八大能力及十萬馬力。

No. 8

眼睛超級水汪汪的機器人

原子小金剛

漫畫介紹 Travel guide

原子小金剛，男女皆愛老少通吃的萬人迷

走進一般漫畫店，你會發現漫畫作品經常被分成「少男漫畫」以及「少女漫畫」區，而且壁壘分明，男生總是在少男漫畫區徘徊，視少女漫畫區爲禁區。好友豬頭標告訴我，當《流星花園》走紅那陣子，他曾鼓起勇氣借了幾本《流星花園》，偷偷摸摸走到櫃檯，卻被幾個死黨瞧見。「哈，你看少女漫畫喔！」從此，一向很Man的豬頭標，好一陣子都被劃分到「很娘」的那一群。

這當然不是亂貼標籤，男生女生的性向本來就有差別，像我的姐妹淘，喜歡的不是Kitty貓就是史奴比，很少有人愛什麼無敵鐵金剛或是聖鬥士的；同樣的，如果有個男生告訴我他收集小甜甜商品，我實在很難不用有色眼光看他。

不過，偏偏有個傢伙很厲害，不管是男是女都無法抗拒它的魅力，那就是原子小金剛。本來嘛，像這種高科技的產物，而且又是對抗壞蛋、解救人類的大英雄，一定會受到男生的崇拜；不過，和傳統陽剛的英雄形象不太一樣，原子小金剛有一雙水汪汪的大眼睛，加上可愛絢麗的外型，輕易就攻佔女孩子的芳心。

更神奇的是，由於《原子小金剛》早在一九五一年就問世了，因此，現在很多中年人甚至是老年人，在他們的童年或是青春時期，對原子小金剛都擁有深厚的感情。而照理說在紅了五十三年之後，小金剛應該已經過氣了，偏偏邁入二十一世紀之後，搭配原子小金剛誕生的活動，以及相關商品和時尚潮流的結合，這位高齡五十一歲的「老」金剛在喚起中年人的記憶同時，更進一步贏得新新人類的喜愛。我終於明白，爲什麼手塚當初要把原子小金剛設定在西元二〇〇三年出生，因爲這樣算起來，它這麼「幼齒」，還可以紅很多年啊！

景點呈現 Travel Map

宝塚，我的白痴翻譯法

說來汗顏，雖然我對日本文化有著高度的興趣，但卻從來沒有好好下過心思去研究日文，所以，不但日文的五十音老是背不全，有些日文裡的文法現象我更是搞不清楚。

舉例來說，日文裡也有「漢字」，這些字和我們看到的中文長得是一模一樣，但兩個看起來都認識的漢字，卻經常「匪夷所思」的拼湊在一起，究竟會變成什麼意思？這就讓求學時代以國文為強項的我一頭霧水了。

再舉例，有個NBA球員在肩膀上刺了「勉族」兩個字，翻遍中文辭典絕對找不到這個詞句。據說這是從日本的漢字而來的，代表著是一群「很拼命的人」。從這個例子我得到一個結論，下次遇到日文裡沒看過的漢字詞句，就把兩個字拆開來理解，例如「勉」加上「族」，就大概可以得知它的意思了。

我立刻把這樣的結論用在「宝塚」此地名上。「宝」，這個字，怎麼看都有點華麗的色彩；「塚」，印象中應該是墳墓的意思，但我翻了一下字典，

位於京都車站的手塚劇場，裡頭播放的全是手塚的動漫作品。◀

它還有高台的意涵，甚至要當成舞台也通。因此，華麗加上舞台，無怪乎，在宝塚這個地方，有全日本最著名的歌劇院，以及動漫國寶手塚治虫的紀念館。

對了，我說過了，我的日文不好，這完全是我的「白痴翻譯法」，僅供參考，千萬別當真。

▶ 宝塚歌舞劇是日本相當特殊的文化現象。

景點遊記 Travel Ticket

這年頭，夢想還值錢嗎？

原來，黑暗眞的可以瞬間降臨，就像電影《明天過後》中冷空氣剎那來襲般的不可思議。我的心，結凍了，被黑暗層層包圍，我分不清這片黑暗是來自於一再於現實與理想間擺盪的痛苦？亦或是壓根不再相信生命的美好？唯一清楚的是，我陷在一片伸手不見五指的黑暗中，無法掙脫。

是的，我是帶著這樣的心情，來到神戶宝塚「手塚治虫紀念館」。那天的天氣，十分配合我的心情，灰得令人感傷的天空、下著令人心情低盪的小雨……整個狀況都不對，天氣不對，心情不對，但，我卻挑了這個什麼都不對的最糟moment，來到了我想像中什麼都對的最棒的museum。

推開美術館的門，原子小金剛蹦蹦跳跳，迎面而來。聽著身旁兒童快樂的尖叫聲，看著遊客亮個不停的閃光燈，「毫・無・感・覺」，我竟然毫無感覺！不但不想與它合影留念，反而加速逃離！很意外吧，向來能讓我快速恢復元氣的可愛卡通，現在竟然一點都派不上用場。對於身陷自棄自憐中的我，此時的歡樂場面就像驅邪符般刺眼，「急急如律令」，灰暗如惡鬼的我，只能退避。

閃躲著一切太過陽光的歡樂場面，我一個人，以幾近遊魂的姿態，輕飄飄、灰暗暗地「貼」著紀念館的展覽動線，緩緩前進。

關於日本漫畫之神手塚治虫的一切，在出發前，就已略知一二。對他的印象是喜愛昆蟲、熱愛漫畫，曾經是醫生，擁有醫學博士的高學位，但爲走漫畫之路，他毅然決然地拋下一切。人生曾經大起大落，後來死在病床時，還

▶ 推開美術館的門，原子小金剛蹦蹦跳跳，迎面而來。

緊握畫筆，遺言是「還有沒有工作給我？」……

他的人生厚度夠「紮實」，但在我的心理卻感受不到一點重量，來撼動我已然結冰的心。

逛了一樓又一樓，晃了一圈又一圈，對於紀念館的展覽分配圖，我已熟到可以充當導覽人員：紀念館的一樓是手塚治虫從小到大的照片、作文，還有作品原稿等，底端是個小小電影院，二樓有個特別企劃展覽室，及放滿手塚治虫漫畫及相關書籍的閱覽室，地下一樓則有手塚治虫的宝塚昆蟲採集地圖、漫畫體驗坊等。我看得到手塚的童年時光、手塚的成名時刻、手塚的負債時期、手塚的東山再起……

關於手塚的一幕幕人生，我都看到了，卻感受不到。我承認，我甚至是帶著譏諷的態度，遊盪在紀念館中，我懷疑他的追夢人生是添油加醋、過度渲染的傳奇，我質疑他一再堅持生命尊嚴的主張，不過是口號？其實，我更該承認，我的心已被黑暗層層圍住，透不出一點光。

▶ 在日本漫迷的心中，手塚治虫紀念館是一生絕對要來一次的聖地。

▶ 你沒眼花！原子小金剛確實也有穿著衣服的「俗」樣。

「是該放棄追尋夢想了嗎？」心底浮現了一個聲音，我連回答的力量都沒有，只想往黑暗走去。走進了紀念館中最黑暗的角落，小小電影院，挑了個疏離眾人的位置，沉沉坐下。

動畫開始放映，絢麗的光影，有些刺眼，我不太能接受這樣的光亮，這是個愛捕蟲、個性有點膽小男孩的奇異狂想曲。內容有點芭樂，就是手塚治虫小時候很自閉，又體弱多病，不但經常被同學欺負，而且愛畫漫畫的他，在當時軍國主義盛行的日本，簡直是個沒出息的異類。因此，嚴肅的師長只要看到他在畫漫畫，二話不說，絕對是把手塚的心血和夢想撕得稀巴爛。

但手塚沒有被擊倒，他還是不停地幻想這個世界各種美好的可能，並且把它用漫畫記錄下來，首先是那些欺負他的同學開始接受他的漫畫，並且成爲頭號讀者，就連嚴肅的軍國主義師長都被手塚的作品所感動，這回沒把漫畫撕爛，反而轉向鼓勵他繼續畫漫畫。

從劇情來看，這故事從衝突到化解，乃至於Happy Ending的芭樂程度，簡直不輸任何宣導短片。我很懷疑，這眞的是手塚的經歷嗎？還是另一個「小時候看過魚逆流而上，而學到人要奮發向上」的教材？我不禁用最憤世嫉俗的角度想，手塚後來貴爲日本的漫畫國寶，他的成長歷程當然什麼都對。事實上，有多少堅持繼續畫漫畫的人，作品還是一直被撕得稀巴爛，而且三餐不繼？

我說過了，這樣灰色的我，眞的不適合到這種地方來。不過，雖然故事夠芭樂，但多虧動畫的科技，影片還是拍得非常絢麗，特別是有一幕手塚做了一個夢，幻想自己一會兒變成蝴蝶，一會兒變成魚兒，拋開現實的壓力和枷鎖，自由自在地徜徉於藍天，悠游於大海，畫面眞的是美到讓人心顫。

▶ 火鳥，象徵愛與光明，也是充份流露手塚對於生命觀感的一部作品。

▶ 京都手塚治虫紀念館裡有不少外頭難得一見的「夢幻逸品」，可供Fans搜刮。

而當我把視線隨著手塚化身的蝴蝶愈飛愈高時，我的心似乎也暫時抹去灰色，漸漸地澄亮了起來。當蝴蝶飛到寬廣的天空，置身於整個樹林的頂端，俯看無窮盡的大地時，我的眼眶不知不覺地滲出了一滴淚……我沒理它，就讓它緩緩滑過臉頰，無聲無息地滴落在宝塚這個黑暗的角落中。

這是我這幾天來，第一次落淚。我的心因此而解放了嗎？解凍了嗎？我不知道，至少在離開紀念館時，天氣並沒有好轉，而且黑夜的降臨讓氣氛顯得更加陰沈，我呆呆地望著館外振翅高飛、似乎在掙扎向上的火鳥雕像……

「再試一次吧，」心裡好像有個聲音是這麼說的。

情報站1

手塚治虫紀念館

地　址：兵庫県宝塚市武庫川町7-65

電　話：0797-81-2970

營業時間：九：三〇～一七：〇〇，每周三休館

門　票：成人五百日幣，兒童一百日幣

交　通：從大阪搭JR或是阪急線到宝塚，大約需要四十分鐘的車程；而從JR或是阪急線的宝塚車步行到手塚治虫紀念館，則大約需要十分鐘。

網　站：ja-f.tezuka.co.jp/tomm/index.html

沒有馬的高田馬場，但有手塚治虫

許多第一次到東京自助旅行的人，通常會像我一樣選擇搭山手線遊日本，而在山手線的各個站名中，有一個「高田馬場」想必讓大家印象深刻。高田馬場？東京竟然有馬場？這真是太酷了。不過，後來我到了高田馬場這個地方，卻不是爲了騎馬。

我是爲了手塚治虫而來的。高田馬場和手塚治虫有什麼關係？原來，手塚的漫畫工作室就設在高田馬場的早稻田大學附近；而且在手塚的故事設定中，二〇〇三年原子小金剛就是誕生於高田馬場的科學省。因此，凡走過必定留下痕跡，在手塚的出生地寶塚有了手塚治虫紀念館，我知道在高田馬場一定可以找到些什麼。

例如一出高田馬場車站，往北走，就可以看到大幅的手塚壁畫，幾乎所有曾在手塚漫畫裡出現的人物，都擠在這幅高約三公尺、寬約十五公尺的壁畫上了。這幅名爲《拯救玻璃地球》的作品，藉由地球四季及手塚筆下眾角色爲背景，帶出大師一直以來想要保護自然、維護和平的理想。雖非出自手塚治虫的親筆（那時手塚早已去世），但的確是手塚製作公司所製作。

除了壁畫之外，高田馬場外的「早稻田通」街燈上也都掛上了手塚的畫作，只是它的尺寸並不大，而且又懸在街燈之上，如果不細心點瞧，很有可能會錯過這些可愛的景緻。

最容易錯過的，恐怕是在早稻田商圈流通的「十萬馬力」通用券了。只要你到高田馬場車站旁邊的手塚治虫商品專賣店購物，店家就會依照你消費的多寡，贈送你不同面值的十萬馬力通用券，然後你可以拿著這個貨幣到附近指定的商家（大部份是餐廳）消費。不過，那麼可愛的十萬馬力通用券，大概沒有人願意爲了吃東西把它花掉吧。

總算來到一直很好奇的高田馬場，但我沒有看到半匹馬，倒是看到了許多手塚治虫。

▶ 在高田馬場，只要看到「金剛頭」標誌，就代表可以使用「十萬馬力」通用券。

▲手塚迷遊京都時，千萬不要錯過位於京都車站裡的「手塚治虫紀念館」。

手塚治虫壁畫位於山手線高田馬場站，只要一走出車站，就可以看到；而車站旁的早稻田通，街燈上有各種手塚人物的畫像。另外，車站旁的「BIG BOX」百貨二樓有手塚治虫商品專賣店，在那裡可以兌換「十萬馬力」通用券。

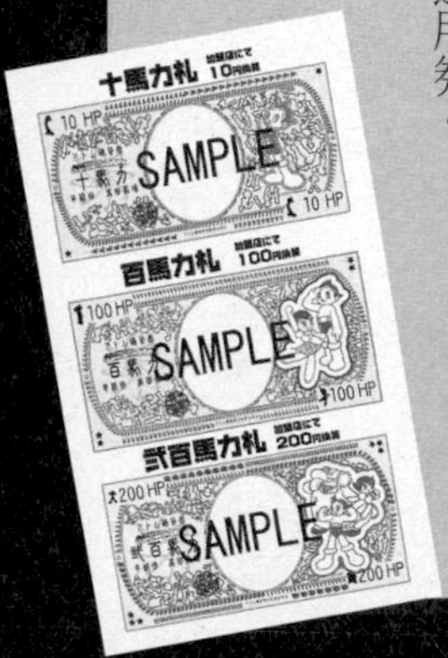

▶ 下回來到高田馬場，不要匆匆路過，錯過了這幅畫帶給你的感動。

遊京都，參拜神社之外的選擇

我一向非常喜歡到京都遊玩，在這裡，不但有看不完的美景，更重要的是，京裡的祇園、古廟、甚至什麼二年坂和三年坂的，都帶有非常濃厚的日本氣味，可以暫時緩和一下我的哈日症候群。

現在的京都，又多了另外一個吸引我前往的理由，那就是在充滿現代感的京都車站旁，有一個小型的手塚治虫紀念館。雖然它的規模和宝塚那個沒得比，但在這裡，還是可以買到各種手塚的紀念品。因此，到了京都，除了去神社求取各種平安符、去祇園買面紙、去二年坂買一堆紀念品之外，別忘了到這裡再多搜括一些戰利品。

當然啦，京都的這個手塚紀念館不是只會掏光你的錢而已，入口處還有各式手塚筆下人物的大型塑像，可以讓你的相機裡，除了留下京都美麗的風景外，再增加一些卡哇依元素。此外，這裡還會播放手塚治虫的動漫電影，票價不過台幣一百元左右，比在台灣看電影還便宜哩！

手塚在自傳《我的漫畫人生》一書中曾說，自己小時候常被欺負，哭著回家的戲碼，幾乎天天上演。▶

立志要成為漫畫家的手塚，在學生時代相當用功，後來還考進醫學院。▲

手塚如願成為漫畫家後，畫筆更是停不了，還成立「虫製作公司」，為日本動漫開啟新紀元。◀

▶ 早稻田通的街燈。手塚筆下的人氣角色，全部在此！

情報站2

京都手塚治虫紀念館

地　址：京都市下京区烏丸通塩小路下る東塩小路町901番地（就在京都車站旁的京都劇場二樓）

電　話：075-341-2376

營業時間：一〇：〇〇～一九：〇〇，全年無休

劇場門票：大人四百日幣，兒童二百日幣

旅遊情報 Travel Information

台上台下，我的楊麗花情結

小時候，我曾經瘋狂地「愛戀」楊麗花。用愛戀這個字眼來形容，一點都不爲過，只要「楊・麗・花……歌仔戲……」音樂一響起，我腳踩鐵馬的速度，絕對可直逼原子小金剛的十萬馬力。小金剛的首要任務是守衛地球安全，而我誓死達成的任務，就是歌仔戲第一幕開演時，我一定要守在電視機前。楊麗花的一顰一笑，我可不能錯過！

眞的，有很長的一段時間，我癡迷於歌仔戲及楊麗花，連入睡前都還在思念著他（應是說她）在戲裡風流倜儻的演出。現在回想起來，眞是不可思議，明明知道她是女扮男裝，但我還是把她當異性般崇拜。就像是明明嘴裡咬著酸梅，但卻自以爲正品味著巧克力的行徑般，不可理解。

不可理解的行徑不只一樁，那時除了瘋楊麗花歌仔戲外，還迷手塚治虫的《緞帶騎士》（在那個年代叫《寶馬王子》）及池田理代子的《凡爾賽玫瑰》（當時的名稱是《玉女英豪》）。這兩部漫畫劇情都是愛來愛去、恨來恨去、哭來哭去、笑來笑去，換句話說，在過去，就屬「花系列」九點檔，

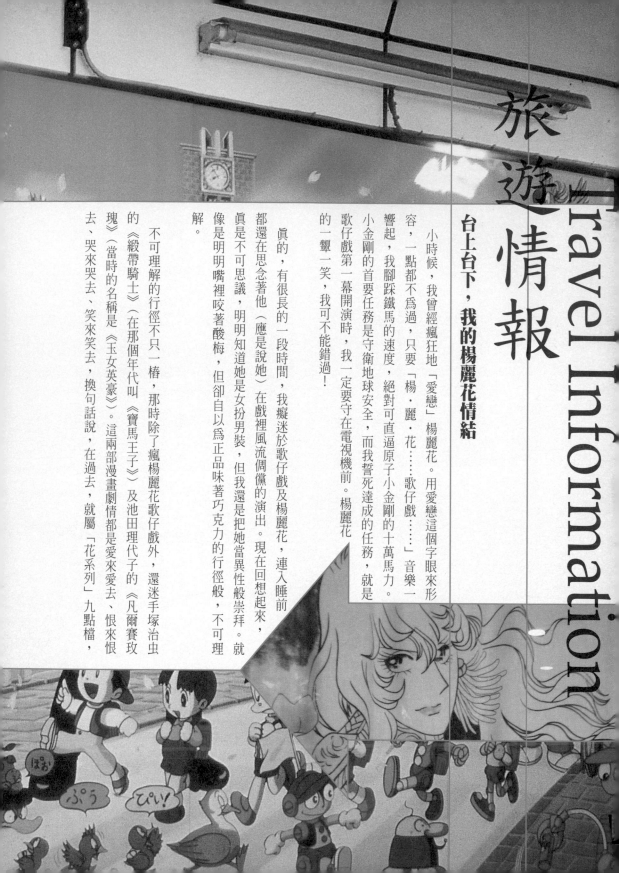

而現在則是歸「韓劇」那一類，裡頭角色均是俊男美女，場面設定皆屬宮廷華麗派。另外，還有一個相當特別的共同點，就是主角都是女扮男裝。

池田理代子的《凡爾賽玫瑰》劇情扣緊了法國大革命的時代背景，採用虛虛實實的手法，來呈現那個動盪的大時代底下，青春人兒的愛恨嗔癡、爲理想奮鬥。其中最爲搶眼的角色，便是主角奧斯卡，「他」長相俊美，又精通劍術、馬術，再加上時而陽光、時而陰鬱的性格，更添魅力。法國宮廷的眾家名媛紛紛拜倒在他「褲管」下，當然包括捧著漫畫的我。

手塚治虫的《緞帶騎士》，也是主走羅曼蒂克風格，同樣有著宮廷場景、打鬥畫面、濃烈愛情、溫馨友情、正邪對抗等元素。主角藍寶石背負著對抗惡臣、復興國家等的重責大任，歷經種種誤會、陷害及追殺，還是堅忍地吞下一切苦楚，爲愛與正義而奮戰。不用多說，藍寶石很快就奪得我的心。

讓我深深迷戀的藍寶石、奧斯卡，其實不是「他」，而是「她」，這兩位皆爲了保護家人而女扮男裝。姑且不論藍寶石和奧斯卡在身爲女兒身或男兒身之間的掙扎擺盪，起碼被迷得神魂顛倒的我發現，女人要是扮起男人，眞的比男人還要勾魂、還要帥氣，藍寶石是，奧斯卡是，楊麗花更

是。也難怪日本宝塚劇團堅持傳統，全用女演員。

日本的宝塚劇團，某個程度其實跟台灣的歌仔戲很像，不但是以邊唱邊跳的方式呈現戲劇演出，最獨特的就是戲裡大大小小的角色，全是女的。很難形容那種魔幻感覺，明明知道台上全是女的，但看她們演的愛情戲，卻格外

▶ 昔日的宝塚Fans都在這條小徑上等著偶像。

▶ 抬頭望望「早稲田通」上的街燈，驚喜隨之而來。

令人著迷。就連手塚治虫都坦誠，《緞帶騎士》這部漫畫，的確是受到宝塚文化的影響，而設定了藍寶石必須女扮男裝的橋段。

佛洛依德跟我不熟，我實在無從得知，明明知道全是女生在演戲，但卻格外享受她們愛情戲的奇怪行爲。這到底算是哪種「情結」？我唯一清楚的是，如果你也迷過楊麗花、迷過藍寶石、迷過奧斯卡，那麼，手塚治虫紀念館旁的「花之道」及「宝塚歌劇」，絕對能滿足妳那外人無從窺知的奇異愛戀。

情報站3

宝塚歌劇

地址：兵庫県宝塚市榮町1-1-5

電話：0797-85-6740

門票：一般最高票價在一萬日幣左右，需視演出組別而異。另外若是新人演出，價格也會較便宜。

交通：搭JR神戸線（往大阪方向），在尼崎換JR宝塚線到宝塚站。另一方式則是搭阪急神戸線，在西宮北口，換搭阪急今津線，於宝塚南口下車。

網站：kageki.hankyu.co.jp/index2.html

浪漫「花之道」

出了宝塚車站，往手塚治虫紀念館方向走去，宝塚劇院前的一條小徑，即是「花之道」。在過往歲月裡，「花之道」是宝塚歌劇迷們守護偶像的「浪漫等待區」，現在的「花之道」則是一條有著個性小店、藝術雕塑的愜意小徑。

漫畫八卦 Comic Gossip

日本的民族英雄，原子小金剛

一九四五年，第二次世界大戰結束，身爲戰敗國的日本陷入全國蕭條以及對未來茫然的窘境，相隔六年之後，原子小金剛出現，不但成爲家喻戶曉的漫畫人物，也幫日本人恢復了民族自信心，以及面對未來的勇氣。

事實上，手塚把原子小金剛的生日設定在遙遠的五十三年之後，是有其意義的。除了「以那個時代的科技水準，應該就會有原子金剛」這樣合理的劇情設想之外，原子小金剛的出現，讓日本人在面對現實的無助時，轉而把希望寄託在未來。

因此，在原子小金剛身上，日本人看到了未來的遠景，原來，二十一世紀的世界是會變成這樣子的。更有趣的是，二次世界大戰日本人明明是侵略國，但原子小金剛卻是拯救世界的英雄，手塚這樣的設定，也幫助日本人找到了救贖。

由於原子小金剛是日本第一個出現的「機器人」概念，

而且又相當受到民眾的喜愛，因此，你會發現，後來日本現實世界中有關機器人的設計，幾乎都以原子小金剛爲原型，或多或少都帶有它的影子。

舉例來說，原子小金剛從外型看起來，和人類沒什麼差別，因此，本田公司設計的機器人「AXIMO」和原子小金剛一樣，也是兩腿直立行走；而ATR智能機器人研究所開發的「ROBOB-2S」也和人一樣有感覺，如果用力打它，還會喊痛。

原子小金剛雖然是機器人，但並不冷漠，仍然保有人性，會流淚，也樂於助人。因此，早稻田大學設計的機器人和原子小金剛一樣，也有悲傷、快樂等情緒；而三菱開發的「WAKAMARU」會關心主人，提醒他們日常生活小事情……從這些機器人的特性，也可以一窺原子小金剛對於日本巨大的影響。

原子小金剛小檔案

生日：二〇〇三年四月七日

出生地：早稻田科學省精密機械局

創造人：天馬博士

誕生源起：二〇〇二年，日本科學省大臣天馬博士因愛子飛雄慘死於車禍，在傷心之餘，決定集科學省的科技精華，創造與飛雄長相一樣的機器人，就是原子小金剛。

身高：一百三十五公分（當時小學五年級生的身材平均數值）

體重：三十五公斤（當時小學五年級生的身材平均數值）

外殼：以塑鋼製造，再覆上一層人類的皮膚

七大能力

頭腦：再困難的算數都可在一秒鐘內完成

眼睛：可透視一切東西

嘴巴：精通六十國語言

手腕：擁有十萬馬力的腕力

耳朵：擁有超強聽力，最多可及一千倍

心臟：可自行分辨好人和壞人

鞋子：擁有推進裝置，可如噴射機般飛行

原子小金剛vs.米老鼠

如果我說，日本的原子小金剛跟美國的米老鼠，是有著某種程度的親戚關係，你一定不相信。但，這是眞的。

當然，所謂的「某種程度的親戚關係」，並非指實際的社會關係，或是血源關係，而是一種抽象的感覺。可以這樣舉例吧！就像，如果我對好友豬頭標說：「ㄟ！你應該跟周杰倫有親戚關係吧！」這句話代表的並不是豬頭標眞是周杰倫的親戚，而是覺得在豬頭標身上看到了某些周杰倫的特質（當然如果是諷刺，就不適用於這個邏輯）。

再來，你可以說這樣微妙的現象，或許是不小心，或許是故意模仿，就原子小金剛vs.米老鼠的這個案例來看，手塚治虫應是後者偏多，他曾說：「我小時候從家庭放映機看了不少華德迪士尼的卡通，所以我要畫米老鼠是輕而易舉的事。」他也坦誠，米老鼠的造型，在無意識中，對他影響頗大。

仔細對照一下，他們還眞像「親戚」。米老鼠有兩個大大的耳朵，原子小金剛的頭髮也呈現類似兩隻角的模樣（實在看不出那是頭髮，但手塚治虫強調那是頭髮）；再來米老鼠的招牌打扮，是戴著白手套、穿著紅短褲、腳蹬大黑靴，而原子小金剛則是穿著黑短褲、腳穿大紅靴，而且，兩個人的上半身都沒穿衣服。

手塚曾說，他中米老鼠的毒過深，除了造型上潛意識地複製了米老鼠的特色外，就連細微處他都不放過。例如，米老鼠的臉不論朝那個方向，觀眾都能看見它那兩個大大的耳朵，所以原子小金剛頭上的角，一定也是成雙成對，即使是從側面看，也不會只變成一個。

另外，米老鼠只有四根手指頭，因此，手塚筆下的原子小金剛，也「剛好」只有四根手指頭。後來是因爲讀者紛紛投書，認爲這樣的小金剛實在太詭異了，手塚才「從善如流」，讓原子小金剛多了一根指頭，不但小勝米老鼠一根，兩「人」之間也總算有了一些區別。

怪醫黑傑克的醫事大全

除了原子小金剛之外，手塚治虫筆下的另一個人物——怪醫黑傑克，不管是在日本或是台灣，都擁有極高的人氣。和原子小金剛可愛正義的陽光形象不同，黑傑克走的是亦正亦邪的酷哥路線。有趣的是，說「怪醫黑傑克」可能還有人不知道是誰，但如果說「怪醫秦博士」大家就都很清楚了。我實在很好奇當初台灣的海盜版漫畫，怎麼會想到「秦博士」這個頭銜？

根據我針對《怪醫黑傑克》第一到第二十的單行本進行文本分析，發現在手塚治虫故事裡，總共出現一百二十三種病名，幾乎我們在日常生活裡會遇到的病，黑傑克都曾經面對。除此之外，手塚還「發明」了一些像什麼「黑傑克病」、「滿月病」等根本不存在的病，讓黑傑克去傷腦筋。

《怪醫黑傑克》裡面出現的許多病，不管是症狀或是醫療方法，其實是有醫學根據的，這都得多虧手塚具有醫學博士的背景，否則恐怕畫不出來。不過，手塚也不是個守舊的「學院派」，《怪醫黑傑克》並不是部「寫實漫畫」，很多的病名和醫治方法，都根源於手塚天馬行空的想像。曾經有醫學院的學生對此提出批評，但手塚的回答是：「漫畫本來就要加點想像，否則就不好玩了。」

根據我的統計，在黑傑克曾經醫治的病人中，男生的比例明顯高於女生，實在令人好奇，難道在手塚的臨床經驗裡，男生的身體比女生差？有趣的是，黑傑克的病「人」不只是人而已，他還曾經醫過熊、猩猩、海豚、狗、鯨魚、獅子等動物，更誇張的是，包括電腦、外星人、木乃伊、鬼、靈魂這些「東西」，都曾經是黑傑克的醫治對象。

在我們的印象中，黑傑克就是「神醫」的化身，只要一出馬，什麼病都治得了。但根據我的統計，實情並非如此，他手術成功的比例只有百分之六十七，失敗的風險仍然偏高。比較特殊的是，手塚非常善於安排一種「缺陷的成功」，就是明明手術成功了，但卻只能維持一下子的效能，讓病人完成心願後就過世。還有一種情況是，黑傑克好不容易救活了病人，他卻立刻因爲其他的變故過世，這些都被我歸類爲「缺陷的成功」。

死在黑傑克手裡的病人，比例也不低，有百分之十的機率。這表示黑傑克並非無所不能，而且在手術失敗之後，黑傑克通常會變得很激憤或是喪志，質疑上天的安排。可見在手塚的觀念裡，就算黑傑克再厲害，但他還是無法和上天或是命運對抗。

從黑傑克身上，我們總是能感覺到一股很滄桑的悲劇色彩。如果從仔細讀故事，我發現黑傑克眞的很難不悲傷，他每次幫和自己有親密關係的病人進行手術，結果往往是失敗的。例如他的恩師就死在他的手術刀下。另外，他雖然幫初戀情人從癌症中存活，但她卻因此變成了男兒身，兩人從此不能在一起。所以，黑傑克能救活別人，卻救不了自己人，實在有夠悲情。

黑傑克除了醫術好、性格怪之外，他每次進行手術都要收取龐大的費用，也是出了名的，這同時也是黑傑克最讓人非議的一點。不過，根據我的分析，雖然黑傑克總是嚷著要收錢，但眞正收到錢的Case，比例並不高。

而且我很意外的發現，黑傑克雖然看起來很酷很冷血，但卻經常因爲被感動、欲報恩、或是純粹想要幫助患者而進行手術。黑傑克有時也會爲了向病魔挑戰，或是賭氣地證明自己的能力而開刀。因此，建議若是遇到了黑傑克（雖然不太可能啦），與其花大把鈔票請他開刀，還不如用情感攻勢，或是激將法來得有效。

既然如此，爲什麼黑傑克仍然老是把「手術費幾千萬」掛在嘴上呢，黑傑克在漫畫裡的名言是：「那是因爲你從未體驗過死亡的痛苦，痛苦的病人就算放棄所有的財產也在所不惜，只有痊癒後的人才了解治好病的可貴。」更妙的是，他曾經對病人的家屬提出高額的手術費，只是爲了逼家屬說出「我一輩子不管何等拼命，都會付清！」這句話，原來，黑傑克要的不是錢，而是人們願意捨棄一切和病魔搏鬥的氣魄。

這樣的黑傑克，確實是有夠酷！

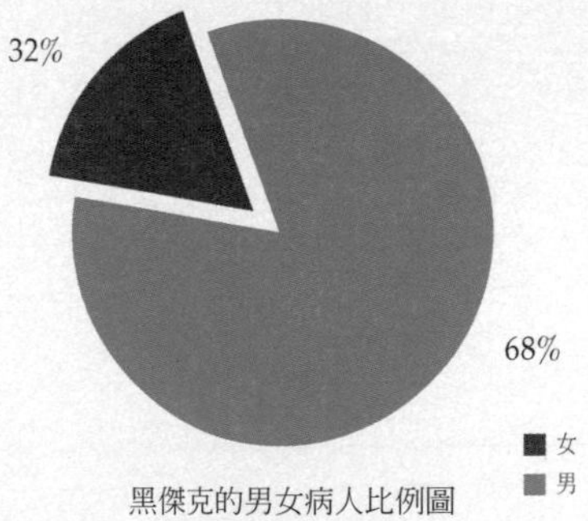

黑傑克的男女病人比例圖

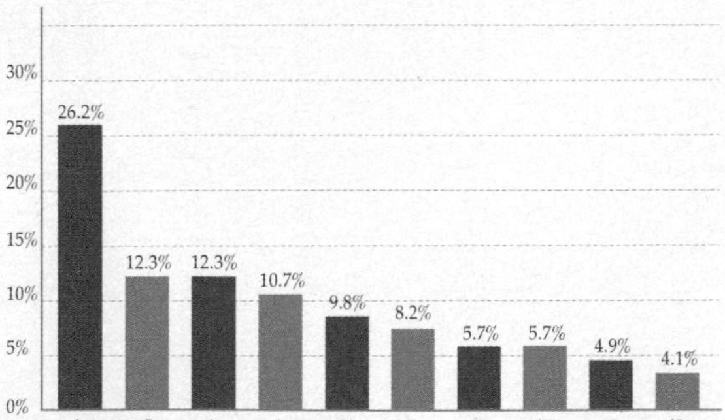

黑傑克答應幫病人開刀的原因分析圖

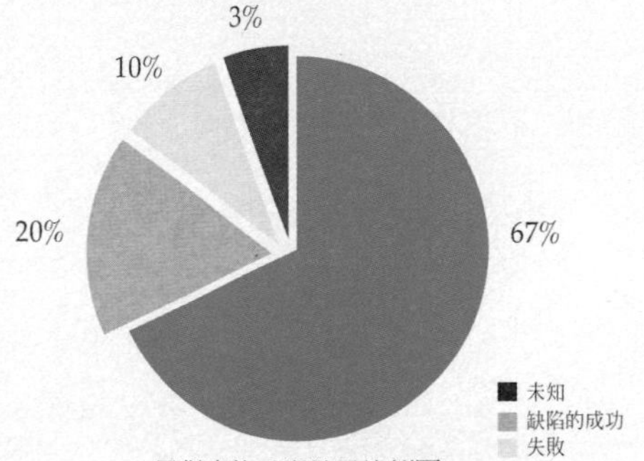

黑傑克的手術結果比例圖

相關商品 Travel Gift

手塚治虫人氣角色商品

既是人氣角色商品，顧名思義，就是手塚治虫筆下的主角們都會各自擔綱演出。除了在高田馬場一次搜括了角色別針組外，後來在手塚治虫紀念館，我又挑了角色明信片下手，這回沒有「大開殺戒」，我只從我的兩大偶像「緞帶騎士」和「怪醫黑傑克」下手。

總是一臉冷漠、孤獨行事的黑傑克，在這張明信片中難得溫柔演出，不但面露微微笑意，竟還牽著貝貝看煙火，真是鐵漢柔情！另外，明信片的背面也很精采，不但黑傑克的招牌手術刀等「傢私」一一出列，還有黑傑克一貫灰暗的側面神情及孤獨背影，小細節也處理的很用心，十分對得起fans啊！

手塚治虫紀念館限定版商品

長大後才搞清楚，原來小時候奉爲偶像的《緞帶騎士》及《怪醫黑傑克》，原來是「同路人」，都是出自手塚治虫的筆下，而《原子小金剛》及《三眼神童》也是同黨的！

如果你想一網打盡手塚治虫的所有「嘍囉」們，不妨挑張紀念館限定版明信片，或紀念館限定版鐵盒餅乾。尤其是紀念版鐵盒餅乾，質感頗佳，盒子封面上畫的是手塚奮力地畫圖、而他的人氣主角們就從一張張原稿快樂躍出。盒子的四周則設計成底片圖案，帶出他在日本動漫界的成就。

另外一張「別無分行」可買的限定版明信片，則是紀念館成立十周年的紀念限定版明信片，特別選定《火鳥》爲主題，代表手塚一生追求生命尊嚴、人性美好的主張。

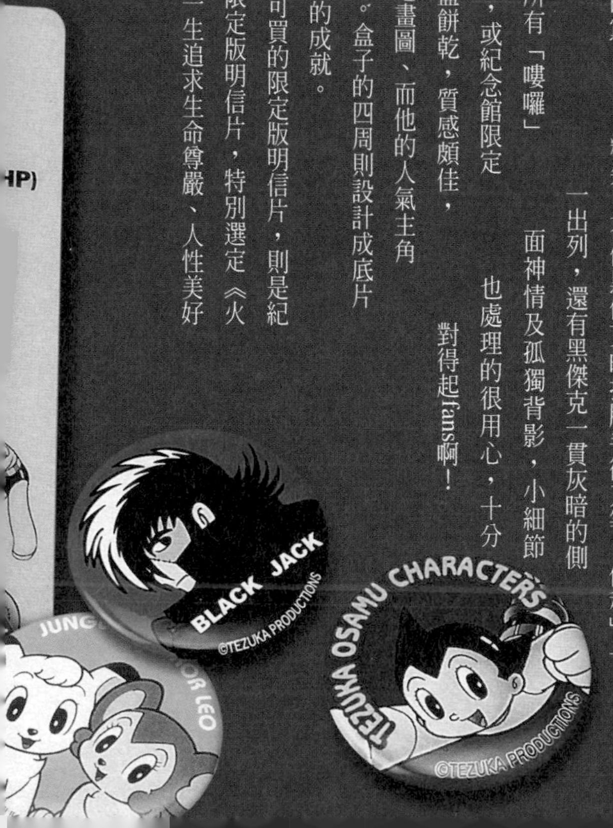

原子小金剛京都限定版商品

難得看到原子小金剛「變身演出」，當然要下手囉！黑短褲、紅長靴，赤裸上半身，是原子小金剛的招牌打扮，我已貢獻不少銀兩，都還沒瞧見他有啥另類打扮。這回在京都竟然瞧見他化身為日本武士，連一旁的妹妹小蘭，也是一副京都風味濃厚的藝妓俏麗打扮，超可愛。此外，這款商品的背景也相當用心，帶出了金閣寺、大文字燒、清水寺等京都的名景、名祭，十分值得玩味，收藏指數五顆星。

原子小金剛復刻版墊板

復古當道的年頭，強調「原調重現」的復刻版商品自是大紅，不但NIKE、Adidas等品牌大炒復刻浪潮，就連卡通也吹起一股復刻風。其中高齡四十好幾的卡通祖師爺—原子小金剛，更是復古到不行。這款墊板便是代表作，刻意仿古的色調，類似舊書漫畫的封面，十分經典。

原子小金剛3D酷商品

原子小金剛在台灣最熱的商品，當屬一系列3D商品：原子小金剛3DT恤、原子小金剛3D背包、原子小金3D錢包等，這系列商品的特色是圖案會隨光線變化，加上特殊光澤質感，極富科技感，是男生也瘋狂的卡通商品。

台製 原子小金剛商品

說實話，過往對於台製的原子小金剛商品，印象實在不佳，不是小金剛的身材比例怪怪的，要不就是隨便印顆頭在商品上，設計感極差。

不過，有回在台中逛街，竟然發現「彩遊館」裡有不少原子小金剛商品，而且樣樣都不賴，價格又超便宜。例如手提禮物提袋，袋面是一格格的動漫底片，而且材質也以很類似底片的材質製成，精緻指數不輸日本。

手塚治虫紀念館

兵庫県宝塚市武庫川町7-65

BY AIR MAIL
PAR AVION

▶ 紀念館不定期會更換展覽主題，展出手塚的草稿等。

國家圖書館出版品預行編目資料

幸福の卡通之旅 / 黃玉蓮著. ──初版
──臺北市 : 大塊文化, 2005[民94]
面； 公分. ── (ACG ; 3)
ISBN 986-7291-06-9(平裝)

1. 漫畫與卡通
2. 日本 - 描述與遊記

731.9　　　93025006

LOCUS

LOCUS

LOCUS

L O C U S